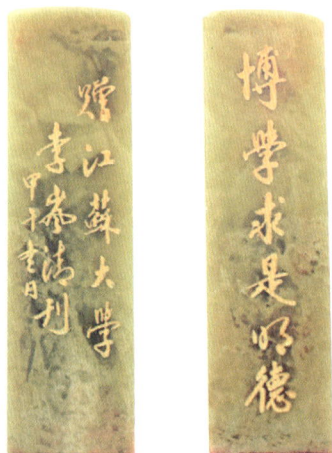

李岚清同志赠江苏大学
"博学 求是 明德" 校训印

诗画镇江 遇见江大

编著 江苏大学文学院

主编 王彦

副主编 王万里 郎紫含

江苏大学出版社
JIANGSU UNIVERSITY PRESS
镇江

图书在版编目(CIP)数据

诗画镇江 遇见江大 / 江苏大学文学院编著；王彦主编. —镇江：江苏大学出版社，2021.8
ISBN 978-7-5684-1648-1

Ⅰ. ①诗… Ⅱ. ①江… ②王… Ⅲ. ①镇江–概况 ②江苏大学–校史 Ⅳ. ①K925.33 ②G649.285.33

中国版本图书馆 CIP 数据核字（2021）第 152595 号

诗画镇江 遇见江大
Shihua Zhenjiang Yujian Jiangda

编　著/江苏大学文学院
主　编/王　彦
责任编辑/任建波
出版发行/江苏大学出版社
地　址/江苏省镇江市梦溪园巷 30 号（邮编：212003）
电　话/0511-84446464（传真）
网　址/http://press.ujs.edu.cn
排　版/镇江文苑制版印刷有限责任公司
印　刷/南京艺中印务有限公司
开　本/710 mm×1 000 mm　1/16
印　张/14.75
字　数/240 千字
版　次/2021 年 8 月第 1 版
印　次/2021 年 8 月第 1 次印刷
书　号/ISBN 978-7-5684-1648-1
定　价/58.00 元

如有印装质量问题请与本社营销部联系（电话:0511-84440882）

编辑委员会

顾　问

曲云进　任晓霏　杨道建　王海军　裴　伟

主　编

王　彦

副主编

王万里　郎紫含

成　员

序 一

颜晓红

　　2021年年初，当我思考如何在江苏大学合并办学20周年暨办学119周年之际擘画学校"为党育人，为国育才"发展蓝图时，我校文学院汉语言文学（师范）1801班（以下简称"汉师1801班"）同学给了我一个惊喜：他们准备为学校校庆编一本书——《诗画镇江 遇见江大》，用他们的笔墨记录他们心中的镇江的形象、江大的历史。汉师1801班是一个富有理想、充满活力、团结奋进的集体，2021年被评为江苏省先进班集体、全国高校活力团支部。汉师1801班有学习贯彻习近平总书记对全国涉农高校的重要批示精神的行动自觉，全体同学结合党史学习，铭记并感悟江苏大学白手起家的创业史、农机事业的奋斗史，萌生了编著《诗画镇江 遇见江大》一书、为学校献礼的想法，得到了学院和学校出版社的支持。当他们告诉我计划并希望我为本书作序时，我尽管还未见书稿，但对他们如何以学生的视角书写江苏大学的农机特色充满期待，也觉得很有必要以答应作序的方式为他们点赞。

　　镇江山水相映、山水相融，大开巧合、宏张雄扬，是大自然恩赐的山水花园名城。水周百里，江河交汇，掀天浴日，潆渺不见涯，但闻鱼龙吟啸；山扼大江，悬水兀峰，低丘独峰铸恢宏气势，临江覆水显绿玉灵秀，山寺相映似天作造化。镇江历史文化厚重，诗、书、画、印名家荟萃，文学、科技、佛道典籍层出。读不厌北固的诗词，看不够焦山的碑刻，赏不绝京江的画派。葛洪的《抱朴子》、萧统的《昭明文选》、刘勰的《文心雕龙》、沈括的《梦溪笔谈》，名著宝典成于此；董永孝行感动天地婺织女为妻的天仙配，华山畿的神女冢、白娘子勇斗法海、人妖至死不渝的爱情故事白蛇传，美丽的故事传说诞生于斯。如画的江南山水和厚重的历史文化为名城蕴名校提供了可能，江苏大学迁址镇江办学，既延续了"工中有农，以工支农"的办学优势，保持了全国重点大学的情怀格局，也在服务区域经济社会发展中得到了快速高质量发展，实现了与历史文化名城协同跃升。这丰富的山、水、文、教内涵既让人如饥似渴，也让人恨时不够，常住居民都有此感，对我们的大学生而言就更不易了。所喜的是：汉师 1801 班学生在镇江、读镇江，参与调研挖掘白蛇传、董永传说等文史资料和民间文艺资料；实地参观、考察京口闸、谏壁闸等大运河（镇江段）节点，参与学院大运河江南段文化等多个研究项目；调查、访谈、考察焦山、北固山、槐荫村等，申报科研项目，发表学术论文、参与学术论坛，为推动镇江地域文化保护做出了贡献，在认知镇江中锤炼了意志，提升了能力，编撰《诗画镇江　遇见江大》也算是水到渠成。

一众大三学生编著《诗画镇江　遇见江大》，让人期待，也让人顾虑。但是看了策划方案和部分初稿后期待依旧，顾虑渐消。作者都是著书新人，但编写思路却显老到，有专业素质。以景、文、人为题用略叙"诗画镇江"，简中兼了全、粗里连着细，既体现了在镇大学生的视角，又抓住了诗画镇江的经典。邀请到镇江市文联副主席、作协主席王川先生，以及江苏大学两位资深教师——笪远毅教授〔镇江市语言学会会长、曾任镇江市地方志（年鉴）研究会副会长〕和李金坤教授为书中"诗画镇江"做了指导，为学生着笔"诗画镇江"作指引，既提升了著作的质量，也为学生的编撰给予了鼓励。用人物访谈构筑"遇见江大"主题，到第一代江大人那儿寻江苏大学发展的根和办学初心，用在校江大人的感展江苏大学发展的景和办学现状，用江大教师的为彰江苏大学发展的基和立德树人的办学灵魂。有耄耋老人访谈,有往届校友记忆,有当代学子感悟,有在任教师修为,是校内校外江大人的立体遇见;有深藏记忆的尘封,有昔日校园的甜蜜,有大学生活的趣谈,有求学发展的感怀,有魂牵梦萦的期待,有众志成城的憧憬,画里画外都是江大人的心灵交融。

镇江地属江南,乃钟灵毓秀之地,千年文脉孕育了江苏大学百年学府,涵养了江大学子的自强厚德、实干求真精神。生命旅程中与此地结缘乃是一种际遇,而《诗画镇江 遇见江大》便是认识镇江、感悟江大的一把钥匙。本书是江大学子的创新之作,这样的创新创意之举在江大学子中屡见不鲜:他们在科技上创新思维,不断在核心期刊发表论文、申请专利;他们在思想上创新,于中国"互联网＋"大学生创新创业大赛和全国大学生智能农业装备创新大赛等国家级赛事中连续捧起金杯;他们在形式上创新,拍摄微电影《第七年》《第十年》宣传支教工作,组织各种科普、惠民、志愿的活动。这样的事例举不胜举。江大学子是极富创造力和行动力的群体,他们充满勇气、无惧艰险、青春激昂。这些新时代的新青年,在青春中绽放明媚的光华,慨然迈步,昂首向前。我期待,也相信将会有更多的江大学子不断创新,收获更多更好的创新成果,铸就新的辉煌!

2021 年 5 月 16 日

序二

收到《诗画镇江　遇见江大》的书稿，我急切而欣喜地翻阅着，欣赏着，也感动着。担任文学院院长 5 年来，我一直期待着这样一种情怀、这样一部作品、这样一份豪迈。值此建党 100 周年，江苏大学合并组建 20 周年暨办学 119 周年庆典之际，文学院师生献上了一份珍贵的礼物，探寻江河交汇千年古城的诗情画意，盛赞文化名城百年学府的卓越功勋。感谢颜晓红校长，作为汉语言文学（师范）1801 班（以下简称"汉师1801 班"）辅导员，鼓励青年大学生立鸿鹄之志，担大学之任，抒人文之情，这些都成为同学们成人成才的强大动力。感谢王彦副书记以满腔的工作热情和文学人独有的写作执着，激发了同学们的创作激情，并倾力整合镇江市、学校、学院的有效资源，促成书稿的策划、撰写、完善和付梓。感谢汉师 1801 班的全体同学，他们秉持"博文　笃学　致远"之院训，团结拼搏，争先创优，获评 2021 年江苏省先进班集体、全国高校活力团支部，在百年党史学习活动中，追求学史明理，践行学史增信、学史崇德、学史力行，以新时期文学青年的敏锐和高水平大学学子的感悟策划完成这部校地互通、情景交融的作品。

"京口瓜洲一水间，钟山只隔数重山。"跨越东西的长江和贯通南北的大运河在镇江交汇，浸润出这座钟灵毓秀的江南历史文化名城；"三山一渡"吸引了无数文人墨客驻足流连，为中华优秀文化平添了独领风骚的诗词佳画，也为世界文明贡献了叹为观止的文化遗产。中国语言文字的研究和传承在这里蔚为壮观，六朝文学双璧《文选》《文心雕龙》在这里熠熠生辉；北宋沈括的《梦溪笔谈》集文学与科学于一体，涵盖古代中国自然科学、工艺技术、天文地理、社会历史等，价值非凡，被英国汉学家李约瑟评价为"中国科学史上的坐标"；清代镇江籍名相张玉书主持编纂的《康熙字典》，成为影响中外的汉字辞书；其同乡后辈马建忠所著《马氏文通》标志着中国汉语语法学的诞生，具有划时代意义；一代语言学宗师、《现代汉语词典》主编吕叔湘先生为推广普通话、促进现代汉语的规范化做出了卓越贡献。镇江博大精深的文脉资源给江大文学院师生带来无穷的启迪，也唤起了我们记述城市历史、传承江大精神的神圣使命。

江苏大学党委书记袁寿其多次在讲话中强调，江苏大学因开国领袖毛泽东主席"农业的根本出路在于机械化"的重要指示而生，江大几代人六十年如一日，不忘初心、牢记使命，为我国农业机械化、智能化做出了突出贡献。

习近平总书记于 2019 年 9 月对全国涉农高校做出的重要批示，激发了全校师生为筑牢知农爱农新型人才培养根基，强化"工中有农，以工支农"办学特色，推进新工科、新农科、新医科、新文科融合发展再创辉煌的强大活力。

文学院广大师生以"农业文学与农业文化"为切入点，积极融入学校一流大学创建的奋斗潮流中，这部《诗画镇江　遇见江大》就是以文学人的智慧，描摹诗画般美丽的镇江，传承江南文化气质，讲述在"三全育人"过程中"自强厚德、实干求真"的江大故事，感人至深，催人奋进。

是为序。

2021 年 6 月 16 日

目 录

第六章

自远行迹 初心如磐 / 197

第一节
三山胜诗画　一渡越千年

　　流连"三山"一渡，江左自古风流。金山之钟灵，绮丽万分；焦山之壮阔，峥嵘耸立；北固山之险峻，石壁嵯峨；西津渡之沧桑，中西合璧。

　　时光如流，岁月带走了许多，却始终带不走那金山的记忆；岁月如水，时光抹去了许多，却始终抹不去那焦山的印迹；光阴如梭，时间改变了许多，却始终带不走那北固山的故事；江河变迁，光阴流转了许多，却始终抚不平那古渡口的车辙。

　　"一水横陈，连冈三面，做出争雄势。"山水环抱的镇江，仿若一幅壮美与灵秀兼具的天然画卷，延展在江南的大地上。

　　◇　山形无地接，寺界与波分——金山

　　金山位于镇江市区西北，其名多而美，西晋时因其孤立江心，名为"泽心"；东晋淝水一战，改称"氐父"；又因其形若碧玉浮水，南朝时有"浮玉"美名；相传唐时裴头陀掘土得金，故称"金山"；宋初又得名"紫金山"，真宗时改名"龙游山"；后来皆以金山名之。金山是古代长江南北交通必经之地，从古西津渡过江北上，经金山、瓜洲到扬州，来往船只穿梭如织，久以"崒然天立镇中流，雄跨东南二百州"而闻名，被誉为"江心一朵翠芙蓉"。清代乾隆皇帝六次南巡，都走此道。到清末，长江逐渐北移，致使金山与南岸陆地相连，也便有了"骑驴上金山"的地方年俗。元代词人赵禹珪在至顺元年（1330）出任镇江府判，在小令《折桂令·金山寺》中这样描绘金山："长江浩浩西来，水面云山，山上楼台。山水相辉，楼台相映，天与安排。"金山风景幽绝，形胜天然，名胜古迹俯拾皆是。每一处古迹，每一泓池泉，每一方碑碣，都有着动人的神话传说或历史故事，白娘子的水漫金山、梁红玉的擂鼓战金山都为金山披上了一层神秘的面纱。

江天禅寺（江天寺）始建于东晋，初名泽心寺，清朝时期与普陀寺、文殊院、大明寺并称东南四大丛林。江天寺依山而造，殿宇厅堂，幢幢相衔，亭台楼阁，层层相接，从山麓到山顶，一层层殿阁，一座座楼台，将金山密密地包裹起来，山与寺浑然一体，构成一派椽摩栋接、丹辉碧

朱武江 摄

映的"寺裹山"的奇特风貌。进入金山公园大门，可由山门入天王殿。天王殿是一座单檐歇山的宫殿式建筑，供着笑口常开的弥勒佛。两侧是四大天王，亦称四大金刚。天王殿后是巍峨壮观的大雄宝殿，大殿正中是释迦牟尼佛、药师佛和阿弥陀佛三尊金身佛像，形体伟岸，仪态安详；四面卷棚上塑有 56 尊形态各异的罗汉，如同赶会赴斋，凌空而降。从大殿后侧登山进入夕照阁，阁内保存着 7 块乾隆御碑；由夕照阁上行至观音阁，内有四宝室，陈列着金山的镇山四宝——周鼎、诸葛铜鼓、东坡玉带和文徵明绘《金山图》。观音阁南与妙高台、楞伽台，北与慈寿塔、法海洞椽接栋连，交相辉映。由楞伽台循级北登，可至金山的顶峰——留云亭，亭内有康熙御笔"江天一览"石碑，故此亭亦称"江天一览亭"。留云亭西北侧，有纪念抗金英雄岳飞的七峰亭。由观音阁往北，可登慈寿塔，玲珑秀丽的慈寿塔是砖木结构，上下通行，每一层八面都有走廊和栏杆，八面通风，面面有景，层层风光不一样。宋代王安石诗云："数重楼枕层层石，四壁窗开面面风。忽见鸟飞平地上，始惊身在半空中。"

妙高台位于金山东南半山腰，建于北宋元祐元年（1086），为寺僧佛印凿岩创建。妙高台是金山夜晚赏月和登高观景的绝佳之地。传说有一次，苏轼陪友人游金山登妙高台，适逢中秋佳节，天宇四垂，月色如洗，江流涌动，一望无际。面对美景，苏轼的思乡之情涌动，特别是想到天隔一方的弟弟苏辙时，不禁对月怀人，引吭高歌，留下了那首千古名篇《水调歌头·明月几时有》。歌罢，苏轼与友人一起挥袖起舞，飘然若仙，在妙高台上留下了千古佳话。

白龙洞在金山西北麓，原名龙洞、珠洞。据说，从前洞中曾有一条巨大的白蛇，经常吐出云雾一样的气团，无人敢至。唐代武则天的侄儿出家为僧，法号灵坦。他到金山后，在洞里打坐参禅，白蛇避居他处，从此金山雾气消除，成为清净世界。民间传说则认为白龙洞口与"白娘子水漫金山寺"有关。传说白娘子水漫金山时，许仙被关在金山宝塔里，看到妻子力战法海，心急如焚。看守宝塔的小和尚同情许仙，指点他从白龙洞逃走。许仙急急忙忙进了白龙洞，也不知走了多少时间才到了洞的尽头，出来一看，已到了杭州西湖的断桥，白娘子和小青已等候多时了。

现在白龙洞口的旁边又多了一组彩石浮雕的壁画，再现了《白蛇传》中"白蛇峨嵋修炼得道""西湖游湖定情""许仙镇江保和堂济世""端午白蛇现身惊变""小青昆仑盗仙草""水漫金山""断桥相会""美满姻缘"等八个故事情节，与古老的白龙洞相映成趣。

中泠泉在金山以西，被称为"天下第一泉"，唐代时已闻名天下，有诗云："山中好景无多地，天下知名第一泉。"据记载，以前泉在江中，江水来自西方，受到石簰山和鹘山的阻挡，水势曲折转流，分为南泠、中泠、北泠，泉水就在中间一个水曲之下，故名"中泠泉"。清代泉源随金山登陆后，光绪年间当地官员命人在泉眼四周叠石为池。池南石壁上刻有"天下第一泉"五个遒劲大字，为知府王仁堪所书。池旁盖楼建亭：池南建有一座八角亭，双层立柱，直径七米，取名"鉴亭"，是以水为镜、以泉为鉴之意，亭中有石桌石凳，供游人小憩，十分清凉幽雅；池北建有两层楼房一座，上下皆为茶室，环境幽静，林荫覆护，风景清雅，是游客品茗佳处。唐朝以来，中泠泉水一直为人们所喜爱。江州刺史张又新《煎茶水记》将中泠水列为第一，"茶圣"陆羽品中泠泉水为天下第七，后唐名士刘伯刍分全国水为七等，"扬子江的中泠泉为第一"，从此中泠泉被誉为"天下第一泉"。此后历代名士文人如苏轼、唐寅、文徵明等纷纷慕名而至，烹泉品茗，留下许多赞美诗篇。泉水绿如翡翠，浓似琼浆，其醇可知。用此泉水沏茶，清香甘洌，有"盈杯不溢"之说。

云根岛原为江中一排奇石，岛侧传有东晋著名文学家、训诂学家郭璞的衣冠冢，现仅剩一巨石为其标志。芙蓉楼与中泠泉相邻，整个建筑红窗黛瓦，在蓝天碧水间更显典雅秀丽。唐朝诗人王昌龄的名诗《芙蓉楼送辛渐》被恭刻于墙面之上，楼雅诗美，可谓双璧。若从芙蓉楼上遥看金山，更是一幅绝美的图画。尤其夜晚明月升起时，微风习习，清波荡漾，只见那佛塔的灯光、高楼的倩影倒映水中，随风飘动，湖光十色，如入蓬莱仙境。

重建芙蓉楼记

杨积庆

京口江山佳丽，代有名楼递嬗。自唐昌龄芙蓉楼诗出，玉壶冰心，古今竞赏；寒雨连江，天下绝唱。宋贤曾旼云：芙蓉名楼，甘露表寺。幽赏丽观，不出城市。

然谷变陵迁，斯楼几经兴废，终毁于道咸兵焚，而楼址堙没。邑人清瑞叹谓："几度欲将遗址觅，不知何处采芙蓉。"

新中国成立后，海内外人士，屡有问讯。一九九一年秋，镇江市人民政府鉴于社会各界有识之士提议，乃于天下第一泉西侧，辟地鸠工，重建芙蓉楼，期年竣事。楼凡两层，高五丈七尺余，临湖而立，仿旧貌而不泥古，存古意而有创新。规模阔肆，坐落显敞。登斯楼也，郭璞中泠，近呈几席；幽篁碧树，映带左右。凭栏眺望，北固焦岩鼎峙，云台磨笄葱茏；临轩品泉，湖光塔影掩映，钟韵荷风交融。总揽城市山林之美，尽得江左风流之概。盛矣哉，斯楼也！是为记。

公元一九九二年九月

作者简介： 杨积庆（1926—2000），笔名柳向春，镇江人。1956 年华东师范大学中文系毕业后留校任教；1982 年调镇江师专任教，主讲古代文学等课程，曾任中文系（科）主任，兼任华东师大古籍研究所研究员、中国韵文学会理事、江苏省诗词学会理事、镇江市地方志协会副会长。

◇ 仙人如爱我，举手来相招——焦山

焦山是长江中四面环水的岛屿，与对岸象山夹江对峙，有江南"水上公园"之喻。焦山树木葱茏，秀雅美丽，远远望云，如一朵亭亭玉立的青芙蓉，又如江中漂浮着的碧玉，被誉为"江中浮玉"。东汉末年，河东（今山西运城一带）人焦光为躲避战乱，隐居于此，以渔樵为生，皇帝多次下诏书请其出仕，但他"三诏不起"，淡泊明志，终老山中。后人为纪念他，遂将山名由樵山改为焦山。

焦山处于江中，碧波环抱，满山绿竹翠柏，古木奇藤。旧时山中寺庙

楼阁，石径相连，钟声相闻，但远远望去却只见一派碧色，不见房舍，所以有"焦山山裹寺"之说。

　　焦山定慧寺始建于东汉兴平元年（194），距今 1800 多年，是镇江最古老的寺庙。原名普济庵，清代康熙年间改名定慧寺，取"由戒生定，因定生慧"之说。定慧寺门前有两株古树：一株六朝古柏，枝干苍古虬结，冲霄而上；另一株域外传来的娑罗树，枝繁叶茂，如亭亭直立的巨大华盖。定慧寺由天王殿、大雄宝殿、藏经楼等一系列建筑组成。大雄宝殿的正门两侧有焦山原住持茗山撰写的对联："从东汉开山，经一千八百载，利生宏法；自初唐建殿，历五代十朝人，不变随缘。"正中供奉着释迦牟尼佛、药师佛、阿弥陀佛三尊大佛，面容和蔼慈祥；两旁排列着十八罗汉，面容不同，姿态各异。殿内的中梁螺丝结顶，活板凑和，屋顶雕龙描凤，图案精美，技艺高妙。定慧寺香火旺盛，烟雾缭绕，晨钟暮鼓，梵唱声声。站在大殿之中，人如登净域，如入佛界。定慧寺以研究佛学著称于世，在佛教界享有盛誉。1980 年日本奈良唐招提寺住持森本长老一行护送鉴真法师宝像"回国省亲"，巡展期间到定慧寺参访，与茗山法师互赠字幅。森本书"山川异域，风月同天"，茗山回书"寄诸佛子，共结良缘"，表达了共祝中日友好的良好愿望。

　　焦山除定慧寺外，还有一批小庵小阁小亭。庵有别峰庵、海西庵、海门庵、自然庵、碧山庵等；阁有华严阁、观音阁、文殊阁等；亭有吸江亭、半观亭等。别峰庵在焦山别峰上，庵宇仅瓦屋数间，庭院一方，庭中花枝一簇，修竹数竿，怪石倚立，竹椅待客。庵内虽然陈设简朴，却花香四溢，环境典雅，风韵成趣。清雍正年间，扬州八怪之首的郑板桥曾在此读书。正门上刻有郑板桥手书对联："室雅何须大；花香不在多。"吸江亭在焦山绝高处，创建于宋代，屡有兴废，清同治年间改建，集有郑板桥书联曰："吸来江水烹新茗；买尽吴山作画屏。"其吸江观日之景，历来为游人所称道。清晨，东方天水相接处出现一抹曙光，一轮红日冉冉而升，跃出江面，霎时天水之间，霞光万道，光彩耀目，恰如陆游《入蜀记》中所赞："天水尽赤，真伟观也！"华严阁位于焦山西南麓，面临大江，是一座两层临水建筑。阁内对联是："大江东去；群山西来。"华严月色历来是焦山美景之一，皓月当空、山林静寂，别有意趣。中国佛教协会原会长赵朴初来此游览时，题写"无尽藏"匾额，取意于苏轼《前赤壁赋》中名句："惟江上之清风，与山间之明月，耳得之而为声，目遇之而成色，取之无禁，用之不竭，是造物者之无尽藏也。"

　　镇寺塔建于元代，后毁于倭乱。当代重建的万佛塔屹立于焦山山巅东峰，七层八面，上有天宫，下有地宫，七层八面，回廊相连，朱栏碧瓦，飞檐彩绘。因塔内供奉着一万余尊佛菩萨像，故名"万佛塔"。塔内每层中心柱供奉缅甸玉佛，壁龛供金佛，天花板上绘飞天彩画。外墙饰有护法诸天像，墙壁为唐三彩瓷砖壁画。塔下地宫，绘有唐三彩壁画万方礼佛图。远看此塔，粗实稳重，轻重均衡；近观则层层斗拱，玲珑剔透。塔顶装红色航标灯，可为长江行船导航。

　　焦山有闻名遐迩的焦山碑林。摩崖石刻和碑林使焦山成为蜚声海内外的书法之山。摩崖石刻环集于焦山西侧峭壁，气势磅礴，保存自南朝至近代历代名人题刻百余处，其中唐《金刚经偈句》、宋陆游《踏雪观瘗鹤铭》、赵孟奎题"浮玉"石刻弥足珍贵，《瘗鹤铭》更为历代书家所推崇。书法篆、隶、真、草、行诸体皆备，风格迥异，或苍古峭拔、纵逸奇深，或严整舒朗、浑然厚重，真可谓汇千年古刻之隽美，融百家书法之精神。《瘗鹤铭》被称为旷世奇碑，其字体笔势开张、点书飞动、天然错落、潇洒纵横，获得了"碑中之王"的美誉。苏轼在论书法时说"大字难于结密而无间，小字难于宽绰而有余。"黄庭坚作注："结密而无间者，惟《瘗鹤铭》当之……《瘗鹤铭》者，大字之祖也。"焦山碑林浓荫生香，独具风韵，其中著名碑刻有唐《魏法师碑》、宋《蓄狸说》、明刻宋米芾《兰亭褉帖》和清《澄鉴堂法帖》等，熠熠生辉，美不胜收。

焦山历来为军事要地。焦山古炮台位于焦山东麓，与南岸的象山炮台遥相呼应，控制江上航道。南宋建炎四年（1130），宋将韩世忠曾率水师驻扎焦山堵击金兵；清道光年间为加强长江防务，在焦山建炮台，设有暗堡式炮位 8 个。1842 年第一次鸦片战争期间，英军发动扬子江战役，焦山炮台守军向英军船舰发动了猛烈攻击，英军伤亡很大。但终因寡不敌众，炮台失守，防守军民全部壮烈牺牲。1937 年冬，日军循长江侵犯时，焦山炮台再次发威，击毁日军坦克 2 辆，毙敌数十名，给日军以重创。历史上，焦山炮台发挥了保卫镇江的重大作用，是进行爱国主义教育的重要基地。

◇ 何处望神州？满眼风光北固楼——北固山

北固山位于镇江市区北侧江滨，因其形势险固，早在三国时就有"北固山"之名，南朝梁时改为"北顾山"，唐称"金陵山"，俗称"土山"。北固山由前峰、中峰和后峰三部分组成。前峰原为东吴古宫殿遗址，现已辟为烈士陵园；后峰为北固山主峰，北临扬子江，三面悬崖，地势险峻，山上树木郁郁葱葱，名胜古迹多在其上，素以"天下第一江山"闻名于世。登上山顶，东眺焦山，西望金山，隔江扬州平山堂清晰可见，使人产生"金焦两山小，吴楚一江分"之感。

北固山有两块有名的石头，一块形似羊的四腿作跪伏状，左侧腹部刻有"狠石"二字，狠石又名"石羊"。相传三国时，刘备、孙权曾踞此石共商抗曹之计。唐代罗隐诗云："紫髯桑盖此沉吟，狠石犹存事可寻。汉鼎未安聊把手，楚醪虽满肯同心。"另一块，裂缝如削，石上"试剑石"三字清晰可辨，又叫"恨石"。

朱武江 摄

中峰南麓有太史慈墓和鲁肃墓。太史慈，字子仪，山东黄县（今山东烟台龙口）人，本是扬州刺史刘繇的部将。东吴号称"小霸王"的开国大将孙策率军攻击刘繇时，在神亭与太史慈相遇，二人大战，从马上打到马下，盔袍撕得粉碎，也难分高低，这就是《三国演义》中描绘的"太史慈酣斗小霸王"的故事。后来刘繇兵败，太史慈为孙吴所得，孙策亲解其缚，待之以礼。太史慈遂协助孙吴创立政权，屡建战功，后在合肥战曹操手下大将张辽时，中箭受伤，死于京口，葬北固山中峰下，以示优恤。鲁肃为东吴名将，与周瑜一起取得赤壁大战的胜利，周瑜死后，继续与刘备修好抗曹，死后授横江将军。其墓位于太史慈墓东。史志记载有两说。一说，"横江将军鲁肃墓在小渎山苦竹里"；另一说，"王伯阳家在京口，东有大冢传是鲁肃墓"。

沿山脊北行，可至清晖亭，亭东有一座铁塔。铁塔原为唐代浙西观察使兼润州刺史李德裕于宝历年间为瘞埋舍利子所建，后倒塌；宋熙宁年间由佛子焦巽资助，知州王安礼主持，在原地重建铁塔，于元丰元年（1078）落成。铁塔原高九层，明代被狂风刮倒，重修改为七层。1960年进行整修，现存的塔基及一、二层为宋代原物，三、四层为原塔的五、六层，系明代所铸；塔基及塔身均有精美图案，造型别致，生动逼真。整修时铁塔地宫出土文物 2883 件，有金棺银椁、舍利子等。从铁塔拾级向西，有《望月望乡诗碑》，诗文是日本使臣诗人阿倍仲麻吕所作。诗云："翘首望东天，神驰奈良边。三笠山顶上，想又皎月圆。"阿倍仲麻吕即晁衡，他于公元 717 年被日本选为遣唐使来到中国，在长安考中进士，与唐代著名诗人王维、李白友善。公元 753 年，晁衡受命为唐使，与鉴真大师及日本使臣东渡，途中船泊江畔，写下了这首《望月望乡》。

清晖亭北门至"天下第一江山"石刻前上坡路边有一长廊，长约60米，历史上毁建多次。现长廊为1993年复建，24 根方形木柱，下置花岗石柱基，上盖青瓦，飞檐斗拱，为仿汉式长廊。廊西侧还立有两碑，碑文大多模糊不清。在后峰东侧长廊壁上、甘露寺东券门对面，嵌有一块条石，上镌"天下第一江山"六个大字，相传为梁武帝所书。相传三国时，刘备曾对北固山以"天下第一江山"相誉，南朝梁武帝亲书此六字，后佚。

朱武江 摄

南宋书法家吴琚重题，清代镇江府通判程康庄临字勒石。条石对面通往甘露寺的拱门上镌有清末镇江书家苏涧宽所书"南徐净域"题额。

　　穿过长廊的拱门，即抵北峰之巅的甘露寺，相传这里是刘备招亲之处，京剧《龙凤呈祥》即以此故事为背景。寺内有大殿、老君殿、观音殿和江声阁等建筑，寺宇向西延伸，像一条青龙，蜿蜒在苍穹间，十分壮观，形成了"寺冠山"的特色。三国时，孙权因刘备占据荆州不还，遂与周瑜设计，假称以妹妹孙尚香嫁刘备，赚刘备做人质来换取荆州。诸葛亮识破其计，使刘备博得乔国老和吴国太赏识后，与孙尚香在甘露寺成亲，弄假成真。孙尚香与刘备成亲后，夫妻俩潜逃回荆州，使得"周郎妙计安天下，赔了夫人又折兵"。刘备甘露寺招亲的故事家喻户晓，来甘露寺的游人都要追寻当年刘备招亲的遗迹，睹物思人，遐思万千。明代苏正有诗云："江流不尽前朝恨，霸业空遗过客嗟。吊古登临总陈迹，野烟渔笛起芦花。"后峰西侧有山涧名溜马涧（驻马涧），两面崖石嵯峨，夹岭一溜小道，地势险要。相传刘备招亲时，孙权与之争胜，二人沿此涧跃马扬鞭，山上山下几度纵横，因而得名。

　　甘露寺后面的多景楼，是北固山风景的最佳处，相传这里是吴国太见刘备的地方。此楼二层，面对大江，楼名取自唐李德裕诗句"多景悬窗牖"，与湖北武汉的黄鹤楼、湖南岳阳的岳阳楼、江西南昌的滕王阁齐名，为江南名楼。米芾所书"天下江山第一楼"的匾额，高悬在楼额之上。宋元以来，历代文人名士、达官显贵，在此诗酒唱和，欧阳修、苏轼、米芾、辛弃疾、陆游等都曾留下著名的诗作。登上多景楼，凭栏远眺，北固山山光水色，奇景异姿，尽入眼帘。唐宋八大家之一的曾巩以诗描绘其山水奇丽，意境幽远。诗云："欲收嘉景此楼中，徙倚阑干四望通。云乱水光浮紫翠，天含山气入青红。一川钟呗淮南月，万里帆樯海外风。老去衣衿尘土在，只将心目羡冥鸿。"

　　多景楼之东的凌云亭，又称祭江亭、北固亭。北固亭造型简朴，四根石柱，架起尖顶翘翅灰瓦小亭。亭柱刻有对联二副，其一曰："客心洗流水；荡胸生层云。"其二曰："此身不觉出飞鸟；垂手还堪钓巨鳌。"相传，刘备夫人孙尚香在听到虢城大战、刘备败退白帝城去世的消息后，悲痛万分，身穿素服，在此遥祭，而后投江自尽，故此亭又称祭江亭。南宋爱国词人辛弃疾登此亭时，触景生情，挥毫泼墨，写下了词作名篇《南乡子·登京口北固亭怀古》等。

芳流露甘

朱武江 摄

朱武江 摄

朱武江 摄

复建北固楼记

北固楼者，因山名也。山踞城北，城以山固，遂曰北固。梁武帝萧衍幸山北望，慨叹壮观，易名北顾。《北固山志》载，梁武帝尝题"天下第一江山"，后亡佚。今见者，乃南宋吴琚所书也。

兹楼由征北将军蔡谟于东晋咸康五年首造之。隋唐以降，迭有兴替，至清末尽毁矣。应各界人士之建议，公元二〇〇九年市委、市政府决议复建。市园林局力主其事，历时三载，厥功告竣。此乃仿宋十字脊顶、三重屋檐之阁楼建筑，主材柚木，典雅庄重，屹然绝顶，气象壮丽。轮焉奂焉，焕然一新。尤著者，此楼与多景楼东西相望，一雄一秀，各领风骚，空前奇观也。

若夫登楼远眺，俯仰天地，则满目欣然：长江画卷，一展雄风；三山如珠，项链天成；东港矢篷，名城史明；南郊诸峰，排闼送青；西津古渡，慈航救生；江河交汇，形胜钟灵。此则"满眼风光北固楼"之赏心悦目者也。至若凭栏神思，感怀英杰，则一腔奋然：孙吴铁瓮，坐断江东；寄奴横戈，枭勇虎熊；红玉击鼓，巾帼称雄；稼轩忧国，气贯长虹；海龄抗英，义薄天宫；辛亥赵声，先驱誉隆。是乃"生子当如孙仲谋"之壮怀激烈者也。嗟乎！吾侪吟诵辛弃疾《南乡子》《永遇乐》北固绝唱之双璧，犹自荡气回肠，慷慨激昂。故登斯楼也，则有览物畅神，怀古励今，爱我中华，自强不息者矣！

兹楼复建，寓旨良深；乐为之记，是以勖勉。

李金坤

二〇一三年元月一日

作者简介：李金坤，江苏金坛人，文学博士，教授，江苏大学文学院退休教师。

◇ 金陵津渡小山楼，一宿行人自可愁——西津渡

西津渡位于镇江城西的云台山北麓，三国时叫"蒜山渡"，唐代曾名"金陵渡"，宋代以后才称为"西津渡"。西津渡原来紧临长江，清代康熙年间以后，由于江滩淤涨，江岸逐渐北移，渡口遂下移到玉山脚下的超岸寺旁，当年的西津古渡现在已经远离长江江岸了。2000 年，考古学家在此开挖的考古坑反映了唐代至清代渡口的延续史，可谓"一眼看千年"。

朱武江 摄

　　西津渡自古就是货物运输和客旅的重要通道，"使命客旅，络绎往回，目不暇接"。三国时期，西津渡就是著名的长江渡口；六朝时，慢慢形成西津渡古街；唐代，这里是镇江通往江北的唯一渡口；北宋时，已形成一个相当规模的集市——江口镇，南北商旅，多经此出入。

　　唐代诗人张祜夜宿西津渡时，感叹羁旅乡愁："金陵津渡小山楼，一宿行人自可愁"。北宋王安石第二次拜相进京由此过江时，留下了名句"春风又绿江南岸"，希望凭借温暖的政治春风，开创变法的新局面。南宋陆游途经西津渡时，记载这里"两日间，阅往来渡者，无虑千人，大抵多军人也"。晚清诗人于树滋的诗更道出了这里人来舟往的繁忙景观，其诗云："粮艘次第出西津，一片旗帆照水滨。"

　　第二次鸦片战争结束后，根据不平等的《天津条约》，长江沿线被迫对外开辟了五个通商口岸，镇江就是其中之一。1861 年年初，英国在云台山麓五十三坡设立领事馆，后在沿江一带租地建立租界。英国租界建立后，镇江人民的反帝斗争从未停止过。光绪十五年（1889），因英国巡捕殴打一名叫康麻子的小贩，愤怒的群众火烧英国领事馆；1925 年 6 月初，镇江民众为声讨英、日制造"五卅惨案"的罪行，举行了数万人的示威游行，与租界当局发生冲突。1927 年，随着北伐战争的节节胜利，湖北汉口、江西九江租界先后被收回，3 月，镇江商会会长陆小波根据英国镇江领事怀雅特公函，率领商团团丁接收工部局。1929 年 11 月 15 日，经过中英双方谈判，中国正式接收英租界。英国领事馆旧址现属镇江博物馆。馆内珍藏着不同时代的文物超 4 万件套，如西周的鸳鸯尊，春秋的双螭首三轮铜盘，三国的青瓷罐，唐代的《论语》玉烛，宋代的影青雕塑孩儿瓷枕、《禹迹图碑》《绢本南京府县地图》、金棺银椁，元代的青花瓷器，明代的《杏园雅集图》，等等。

　　西津渡古街建有四道券门，石塔东一道，石塔西三道。第一道券门，即石塔东的一道，迎面石上刻着"同登觉路"。券门后便是古街最高处，也是这里最为典型的一组建筑：中为石塔，右为救生会，左为观音洞。过石塔，为下坡，有石塔西三道券门，由高向低、由东向西建在通往渡口的中铺长条石、条石两侧为台阶的坡道上，由高向低的券门石额上分

别刻着"共渡慈航""飞阁流丹"和"层峦耸翠"。"层峦耸翠"和"飞阁流丹"为两面刻，是王勃《滕王阁序》中的名句。

石塔塔高约5米，系元武宗所建，因石塔塔基两侧刻有"昭关"二字，又称昭关石塔，也有人称之观音洞喇嘛塔或瓶塔。该塔为过街塔。经中国文物学会会长罗哲文等专家鉴定，认为它是我国现存唯一完整、时代最早的喇嘛塔式过街塔。石塔分为塔座、塔身、塔颈、十三天、塔顶五部分，全部用青石分段雕成。塔座分为两层，以"亚"字叠涩法凿成，塔座上有一个覆莲座。塔身偏圆，呈钵状。向上是亚字形塔颈，又有一个覆莲花座。再上面是十三天和仰莲瓣座，仰莲瓣座上有法轮，法轮背部刻有八宝饰纹。塔顶呈瓶状，"瓶"取"平"的谐音，是"平定干戈"之意。在重修石塔的塔心室时，意外发现了两个元代的"曼荼罗"。这两个铜片上的曼荼罗共有九个观音和九个黄财神菩萨，九个黄财神菩萨手中还抓了九只老鼠。在佛教里面，老鼠是看守金库的，抓住了老鼠，也就是抓到了发财的机会。

石塔向右为救生会。救生会，顾名思义就是济渡救生的意思，是带有慈善性质的水上安全救助机构。隋唐以前，镇江江面宽40多里，到唐代时还有20多里宽。唐代大诗人孟浩然留下了"江风白浪起，愁煞渡头人"的诗句。每每风起浪涌，船工和渡客的呼救之声格外惊心动魄。唐天宝十载（751），一次就有数十艘渡船沉没；南宋绍兴六年（1136），一艘渡船离岸不久即遇上风涛，连艄公在内的46名渡客无一生还；明万历十年（1582）的一阵狂风竟摧毁了千余艘漕船和民船。由于西津渡特殊的交通位置和军事地位，加强安全管理就显得尤其重要。到了宋代，统治者更是将镇江视为漕运咽喉。于是，当时的镇江知府蔡洸在西津渡创设了救生会。旧时的救生船漆成红色，俗称红船。桅杆上醒目地挂上一个虎头牌，意思是奉圣旨救人，船上铜锣一敲，任何人不得阻挡。这种状况一直延续到清朝后期。镇江救生会的义举还影响到其他地方。镇江江对面的瓜洲，道光四年（1824）成立瓜洲救生分会；四川督臣丁宝

桢在湖北宜昌创办"峡江救生总局";江西巡抚阮元将自己乘坐的官船命名为救生红船,还赋诗赞扬救红船:"南人使船如使马,大浪长风任挥洒。红船送我过金山,如马之言殊不假。我嫌豫章无快船,造船令似金山者。鄱湖波浪万船停,惟有红船舵能把。洪都三日到江都,如此飞帆马不如!"

石塔向左为观音洞,洞由天然岩洞扩凿而成。观音洞的洞门外有一个三层的铜鼎,洞口上方有一块石额,上刻"观音洞"三个字,为宜兴陈任旸所书。石额两侧悬挂着茗山法师题写的对联:"兴无缘慈,随类化身,紫竹林中观自在;运同体悲,寻声救苦,普陀岩上见如来。"洞内迎面而立的是一座白石观音立像。观音菩萨左手持净瓶,右手上指,神态慈祥端庄。传说,一次观音菩萨脚踏祥云途经镇江江面,正遇上江上起大风,许多民船被掀翻,落水者不计其数,呼救声鬼哭神泣。观音菩萨目睹江面上这惨烈的一幕,慈心大发,伸出援手,将挣扎在波涛中的落水者救上了岸。人们感念观音菩萨的大慈大悲,于是在石塔南面山体上凿成了这个观音洞,长年供奉香火,祈求平安。

西津渡古街风貌独特,古迹众多,历史悠久,风格古朴,为国内外旅游者、考古者所注目。1998 年以来,镇江市对其部分建筑进行了抢修,其中昭关石塔、救生会、观音塔三个项目获 2001 年度联合国教科文组织亚太地区遗产保护杰出项目奖。罗哲文称此为"中国古渡博物馆"。著名美籍华人女作家韩素音来此寻幽览胜后赞叹说:"漫步在这条古朴典雅的古街道上,仿佛是在一座天然历史馆内散步。这里才是镇江旅游的真正金矿。"

第二节
峰峦仙景入　运河南北通

◇　烟雨南山开画本——南山

南山位于镇江市区南郊,东起镇宝路,南至官塘桥,西迄小九华山,

北达林隐路，由招隐山、黄鹤山、夹山、九华山等组成。山上有松、杉、竹、栎等树木 160 余种，林间有黄鹂、绶带、画眉等飞禽 70 多种。山内重峦叠翠，茂林修竹，山深水秀，泉涌溪流。山不高却深邃，水不多而通幽，前人誉之为"城市山林"。

招隐山入口处有米芾书写的"城市山林"山门牌楼。四柱三开，砖木结构，翘檐，覆黛瓦，前有石狮一对。入山途中有一高大石牌坊，横额为"宋戴颙高隐处"，下刻"招隐"二字，石柱上有联："读书人去留萧寺；招隐山空忆戴公。"招隐寺于南朝宋景平元年（423）由昙度禅师所创，时戴颙隐居山中的听鹂山房，在此抚琴弹弦，创作了《广陵》《游弦》《止息》三首名曲。戴颙去世后，其女舍宅为寺，故称招隐寺。虎跑泉位于招隐寺后，相传为东晋法安禅师开凿，群虎跑（刨）地出水，故名。虎跑泉有一方池，池中有一口井，泉眼就在井中，此泉水质清澈，可以直接饮用。泉的下方又有一池，凿石为龙头，泉水自龙口出，名虎跑下泉或"龙喷水"。

建于山腰的读书台小巧精致，四周有回廊环绕，窗明几净，环境幽静，门旁柱上有楹联曰："妙境快登临，抵许多福地洞天，相对自知招隐乐；伊人不可见，有无数松风竹籁，我来恍听读书声。"读书台为昭

明太子萧统读书处。增华阁位于读书台右，面阔五间，正面有走廊。相传萧统云集天下才学贤士，在此编纂了我国第一部诗文总集——《文选》。《文选》入选之作，上起周代，下迄萧梁，文体各异，大都文质并重、辞藻华丽，在中国文学史上有重要地位。

竹林寺位于南山夹山北麓，始建于东晋法安禅师，初名夹山禅院，后圮废。明崇祯年间（1635年前后），林皋法师重建寺庙，因四周修竹环抱，故改名竹林寺。清康熙三十八年（1699），康熙帝南巡时曾亲题寺匾，御制《竹赋》碑文。雍正十一年（1733）诏令重建，殿宇僧舍259间，建筑规模宏大。后屡毁屡建，1981年开始部分修复。现竹林寺依山而建，一组石阶，一层平台，上下五层，层层登高，第三层平台两旁建东西客堂各5间。寺前有月牙河，河南有数株古老银杏树，高耸入云。山门天王殿修茸一新，门上为"竹林禅寺"石额。寺后山崖下，有明林皋法师开凿的林公泉。竹林寺泉水清音，古树参天，修竹万竿，尽显古寺历史久远的深邃意境。宋苏轼留有《游竹林寺》一诗："行歌白云岭，坐游修竹林。风轻花自落，日薄半山阴。涧草谁复识，闻香杳难寻。时见城市人，幽居惜未深。"

鹤林寺在黄鹤山东北，建于东晋大兴四年（321），旧名竹林寺。

南北朝时期，南朝宋开国皇帝高祖刘裕在黄鹤山上放牛，梦见仙鹤，后来他做了南朝皇帝，把当时的竹林寺改名叫鹤林寺，唐宋时盛极一时。刘裕即南宋词人辛弃疾所写《永遇乐·京口北固亭怀古》"斜阳草树，寻常巷陌，人道寄奴曾住"中的寄奴，寄奴是刘裕的小名。唐代诗人李涉游访此寺，作《题鹤林寺壁》诗："终日昏昏醉梦间，忽闻春尽强登山。因过竹院逢僧话，偷得浮生半日闲。"北宋米芾长居南山，直到终老。他喜欢玩石赏砚，几近痴迷，被世人称为"米颠"。米芾与儿子米友仁在此居住 40 年，画山水师以造化，水墨点染，创造出烟云朦胧、天趣高迈的"米氏云山"，成为水墨山水的重要画派之一。《光绪丹徒县志》记载米芾之墓在长山，20 世纪 70 年代后迁建在黄鹤山北麓。濂溪祠是为纪念宋代理学大师周敦颐而建。周敦颐幼年随母亲投靠舅父郑龙图，到鹤林寺院中读书，后来在鹤林寺凿一方小池，名"爱莲池"。他在《爱莲说》中将莲花比作花之君子，称其"香远益清，亭亭净植"。后人在这里建祠堂祭祀周敦颐（号濂溪先生）此池后来被称为"濂溪池"。

鹤林寺的杜鹃花，香艳异常。鹤林寺周边有香花桥，又叫升仙桥，传说是司杜鹃花的仙女往返天上人间的一座桥。因为杜鹃花是仙花，仙女司完杜鹃花后，就从这座桥上返回天庭。又传唐贞元（785—804）中，一位外国僧人，从天台山将用药养根放在钵盂中的杜鹃花带到鹤林寺种植。每年开花的时候，杜鹃花有一丈多高，有二位花神常游于花下。后因兵火焚寺，杜鹃花根株不存。宋咸淳八年（1272），寺僧重植，后又枯死。元延祐丙辰年（1316），里人戈道恭家圃中有杜鹃，于是移植到鹤林寺。每逢春日杜鹃花开之时，繁花似锦，香飘全城，男女倾城而去，观花赏景，赏花习俗传承数百年。1994 年镇江市将杜鹃花命名为市花。

文苑位于竹林寺东侧，为纪念我国南朝文学评论家刘勰及其文学理论巨著《文心雕龙》而建。门前建精巧门亭、拱桥，门亭上书"文苑"二字，为原江苏理工大学校长蔡兰所书。文苑分为中、东、西三部分，以中部文心阁为主体。文心阁端庄浑厚，格调高迈，门首有四川大学教

　　授、《文心雕龙》研究专家杨明照题匾"文心阁"，两边是茗山法师书"丹青初炳而后渝，文章岁久而弥光"联句。迎门壁嵌青石镂刻刘勰线描画像，阁内陈设《文心雕龙》各时期版本及资料。文心阁后墙外壁上嵌鲁迅《"诗论"题记》："篇章既富，评骘自生，东有刘彦和之《文心》，西则有亚理士多德之《诗学》，解析神质，包举洪纤，开源发流，为世楷式。"阁后有雕龙池，池内建知音亭，亭内置《文心雕龙·知音篇》碑。文苑东部建学林轩，意为镇江古今文化名人的荟萃之所，匾额为江苏大学前校长高宗英所题；门前楹联为中国文心雕龙学会名誉会长王元化所撰："独步当时，流声后代。"轩内置刘勰青铜像，头戴绡巾，髭须萧然，一袭素袍，书卷在握，一派儒者风度。后壁为彩瓷壁画，两边的廊房及亭内饰有油画、国画，以艺术的形式展示镇江科技、文化和中外文化交流方面50多位名人的形象及其成就。2000年，镇江市召开了首届《文心雕龙》国际学术研讨会，现在文心阁、学林轩之间立有《文心雕龙》国际学术研讨会纪念碑。

南山赋

铁瓮坚如铁，京口谁与京？连冈西来，千峰护郭；大江东去，匹练绕城。六朝名邑，三吴要津；江山第一，驰誉古今。八方宾客，往来如云。越陌度阡，访渔问秦。乍离闹市，竟入山林。

金焦北固，玉润南山。庄严分灵秀，壮美分幽然。其城南诸山，逶迤绵邈，蓊郁萧森。杉栖白鹭，渚宿青禽。湖池映月，洞窟藏珍。招隐、竹林、鹤林，古寺寂寥生禅意；珍珠、虎跑、鹿跑，清泉澄澈涤俗尘。金桂醉客，玉蕊招仙；杜鹃啼血，枫叶流丹。人文闪烁，古迹斑斓。淡霭轻岚，晨烟暮雨，米南宫悟神旨画开泼墨；松风竹韵，鹂啭猿啼，戴仲若闻天籁曲散广陵。梁昭明集贤纂著，增彩增华编文选；周茂叔凿池蓺莲，不妖不染寄素心。鹤舞莺飞，刘寄奴龙潜耕牧；梁摧栋折，赵伯先魂返竹林。古今佳话，可胜道哉！

国运盛，镇江兴。南山蕴秀，北水涵清。风景丽都，高标江苏名胜；森林葱蔚，更辟国家公园。构思景异，彩绘图新。凭脯回龙归兽窟，倚栏望鹤觅潮音。碧榆荫浓庇碧草，文苑风清赞文心。丽水桃村休闲乐，云山得意豁胸襟。乐水者智，乐山者仁。登山临水，返璞归真。欢歌忭舞踏青去，国泰民安四时春。

赞曰：东南形胜，郁郁乎文。六朝遗韵，华夏奇珍。童叟偕乐，天人相亲。新园古寺，美奂美轮。

笪远毅

一九九九年三月

作者简介：笪远毅，镇江人。1968年毕业于复旦大学中文系。历任镇江师专中文系主任、副校长，江苏大学教师教育学院党委书记兼院长、人文学院党委书记兼院长。

◇ 天教吏隐接仙居——茅山

茅山位于镇江市下属的句容市境内。茅山古名冈山，因其形若"句""已"字，故改名句曲山或已重山。又因坐落在邑之东隅，亦称东方山。相传西汉时，有茅氏三兄弟茅盈、茅固、茅衷居山大茅峰、二茅峰、三茅峰修道成仙，遂有三茅山、茅君山之名，简称茅山。茅山风景秀丽，峰峦叠翠，清泉潺潺，松柏峻拔，修竹挺秀，有9峰、26洞、19泉之胜，既为江南名山，又是道教圣地，号称"第一福地，第八洞天"。王安石有诗赞云："一峰高出众山颠，疑隔尘沙道里千。俯视烟云来不极，仰攀萝茑去无前。人间已换嘉平帝，地下谁通句曲天。陈迹是非今草莽，纷纷流俗尚师仙。"

茅氏三兄弟号称"三茅真君"，被尊为道教茅山派的祖师。茅山道教名人辈出，东汉时葛洪曾在此炼丹修道，所著《抱朴子》继承并改造了早期道教的理论。南朝陶弘景居茅山，被称为"山中宰相"，梁武帝下诏请其出山，他在《答诏问》一诗中回答："山中何所有？岭上多白云。只可自怡悦，不堪持赠君。"以表明自己超凡脱俗的志向。他的《真诰》《登真隐诀》完善了茅山道教上清派，使茅山宗成为上清派的中心，该派在隋唐时期成为影响最大的道教派别。茅山宗在宋元鼎盛时，有宫、观、庵、院257处，房屋5000余间。太平天国时曾遭兵燹，至清末，尚存"三宫五观"。三宫为九霄万福宫、元符万宁宫、崇禧万寿宫，五观为德佑观、仁佑观、玉晨观、白云观、乾元观。九霄万福宫位于大茅

峰顶，依山借势，气势巍巍，简称顶宫。九霄万福宫始创于汉永平三年（60），再建于元延祐三年（1316），名圣佑观，明万历二十六年（1598）改今名。正门上有"敕赐九霄万福宫"金字，山门是灵官殿，太元宝殿中供三茅真君：茅盈居中，怀抱如意，正襟危坐；茅固、茅衷手执玉圭，拱坐两侧。宫中有豢龙池，清泉不断渗流，池水丰盈，大旱不涸，为顶宫的唯一水源。殿后有石坊三天门，坊柱刻一副楹联："修真句曲三峰顶；得道华阳八洞天。"其后的飞升台相传为茅盈升天之处，也是道士拜符上表之所。怡云楼藏有茅山四宝，传说宋哲宗时皇太后误食金针，求医无效，危在旦夕，哲宗请茅山道士刘混康救治，刘混康将金针打下，太后病痛立除。哲宗为谢茅山道士救母之恩，敕赐玉印、玉圭、哈砚、玉符四件宝物，用半副鸾驾送到茅山，永镇山门，这就是"茅山四宝"的来历。

元符万宁宫位于大茅峰北积金山上，简称印宫。初建于唐，兴盛在宋。山门两边迎壁上有"第一福地""第八洞天"八个大字。石碑坊上书"三天门"，两边柱上镌刻对联："仙乐彻九霄，现一人之有庆；天香招五鹤，祈四海之同春。"正殿是玉宗万福殿，前有"洞泉"，后为"潜神庵"，庵前为上清宗坛，祀奉列代宗师。北宋时万宁宫建筑壮观，规模宏大，气势雄伟，后毁于战火，现已恢复山门牌楼、睹星门、灵官殿等建筑。老子像位于万宁宫万寿台北积金峰南坡高处。像高33米，是当今中国最高、最大的铜像，可谓"老子天下第一"。老子造型为坐姿，右手执一柄阴阳扇，左手立掌于胸前，神情慈和安详，超然宁静。座下中部石刻为赵朴初所题"道法自然"四字，下刻《道德经》部分内容。道祖广场以白玉石铺设，正中建有底部为阴阳太极图案铺就的喷水池，黑白太极石球浮起滚动。

茅山老虎岗西北坡林间的山岩之下，有三个大小不一的天然石灰溶洞，这就是茅山著名的华阳洞、玉柱洞、仙人洞，其中最有名的是华阳洞。此洞入口上端中间石刻有"华阳洞"三个红色大字，每字大约1平方米，笔力苍劲，传为苏东坡手迹。壁上另有石刻20余处，隐约可见，均为历代文人如韩愈、李商隐、皮日休、顾况、刘长卿、范仲淹等慕名游洞之后所题刻。玉柱洞，位于华阳洞北 28 米处，洞中立一石柱，两头粗，中间细，浑圆光泽，灯光照耀，洁白如玉，玉柱洞之名由此而来。仙人洞，位于玉柱洞北 56 米处。洞深 900 余米，洞顶钟乳石密布，千姿百态，令人目不暇接。华阳洞外林木葱茏，碧竹青翠，溪水云雾缥渺。清代句容女诗人骆绮兰曾以诗描绘华阳洞道人悠闲自得的生活："采药云披袖，焚香鹤闭关。桃花与流水，一路送人还。"

茅山是我国著名抗日根据地之一。毛主席在《抗日游击战争的战略问题》曾经特别把茅山抗日根据地列为全国六大山地抗日根据地之一，并且指出它"将是抗日游击战争最能长期支持的场所，是抗日战争的重要堡垒"。1938 年 6 月 8 日，陈毅率领新四军一支队进驻镇江宝堰镇前隍村，7 月 7 日在宝堰主持召开了镇江、句容、金坛、丹阳四县各界人士代表会议，筹备成立镇句金丹抗敌总会。此后，各地农抗会、妇抗会、青抗会、工人救国会、商界救国会、教育界救国会、儿童团等群众抗日团体普遍建立起来。广大群众组织起来后，筹粮秣，做军鞋，慰劳子弟兵，救护伤病员；站岗放哨，传递情报；破坏公路，配合部队作战；开展锄

朱武江 摄

奸活动，巩固地方治安，有力地支援了新四军的抗日斗争。经过半年的斗争，新四军先后建立起茅山、丹北、横山、江句、小丹阳等十多块小型的游击基地，形成了以茅山为中心的苏南抗日根据地。苏南抗日根据地是陈毅等领导同志带领新四军指战员坚持党中央的正确路线，在极其险恶、极其错综复杂的斗争中，开辟、发展、建设起来的地处敌人统治中心的一块游击根据地，它使新四军完成了东进淞沪和开辟北上抗日战略通路的任务，也培养了一大批有经验的党政军民干部，并为发展苏北抗日根据地做了极为重要的准备。

1998 年，镇江市人民政府在茅山脚下的茅山镇建立了全国最大的新四军纪念馆，展出革命历史文物 1400 多件，再现了当年茅山抗日根据地抗击日寇的史实。该馆现为中宣部命名的"全国爱国主义教育基地"。在纪念馆东侧，建立了苏南抗战胜利纪念碑。碑高 36 米，其"山下放鞭炮，山上吹军号"的神奇现象吸引了大批中外游客，当地群众说，军号声是新四军战士灵魂的豪气，鞭炮声似枪炮声，他们一听到枪炮声就在军号声的鼓舞下英勇杀敌，这表达了茅山人民对新四军烈士的缅怀之情。

◇ 龙形升瑞气——圌山

圌山，在镇江市区东 30 公里，一山飞峙大江边，形势险峻。传说秦始皇东巡时，路过圌山，见其山体如巨龙蛰伏，鳞爪分明，又有瑞气升腾，认为那是王者之气。为了保住自己坐稳万年江山，他下令将"瑞"字半边的王字去掉，再把半边的"耑"用"囗"围起来，使王气不泄，遂成"圌"字。

圌山自古就有"逆流而障东逝之波"和"凿石排南纪，连峰出大川"的美誉。圌山一峰突兀，五峰并列。五峰即五峰山，又称五尖山，海拔208.7 米。五峰山自西南向东北，依次为第三峰、第一峰、第二峰、第四峰、第五峰，层峰峭壁，奇石嶙峋，形势险要。第五峰直插江边，酷似畅饮长江的巨龟，故此峰称为龟山头，海拔 76 米，有"一夫当关，万夫莫开"

朱武江　摄

之势。从山脚至山顶有 18 弯，圌山有 36 处悬崖，72 个险洞，这 72 洞，
各具特色。登峰远眺，江天苍茫，峰回云绕，寺幽林静，登峰远眺，江
天苍茫，峰回云绕，寺幽林静，似有出离尘世之感。明代诗僧上思有诗云：
"极目微茫接远天，山光水色两悠然。风尘不到烟萝里，云月时来梵
座前。僧影独依幽涧树，钟声疑上夕阳船。相看举世同蕉鹿，三叹孤峰
仰昔贤。"

圌山风景秀丽，古树修竹，满山翠绿，山间洞穴很多，分别以神
仙、人物、动物、形态而命名，如蟠龙洞、老虎洞、滴水洞、花仙洞
等。大洞达百余平方米，小洞仅一二十平方米，千姿百态，各有传说。
箭洞为圌山 72 洞之冠，位于主峰东南、报恩塔下的一座拔地而起的崖
面上。两边巨石突兀，中间山壁洞穿，据说是后羿追日时一箭射穿，故
名"箭洞"。洞顶高数丈，横空如桥梁，正从云雾中冉冉升起，故又名
"飞云梁"，地质上称天生桥。面北穿洞而过，烟雾缭绕，峭壁峰峦都
披上了轻纱，若隐若现，好像九天宫阙；面南穿洞看去，万顷碧绿，阡

陌相连，绿树丛里显露青砖红瓦，飘散着袅袅轻烟，又似妙笔丹青。洞中泉水叮咚，水滴成韵，传说是仙乐之音；洞前石分涧水，潺潺流去，松风徐来，尘气全消，人称神仙洞府。清吴芝山有《仙人洞》诗云："蓬莱飞脉驻江东，峭拔嶙峋一径通。石几闲棋消俗累，龙池活水注天工。犹闻铁笛鸣云谷，还听霓裳奏月宫。晓霁振衣登绝顶，扶桑日影贯长虹。"

绍隆寺坐落在第四峰南麓，约建于唐代，现有殿宇37间。清康熙皇帝南巡至此，改为金山下院，并题书"灵觉宝寺"匾额。之后，金山寺历代住持年迈后到此养老，或圆寂后骨灰移此建塔。这里山深林密，怪石嶙峋，气候宜人，风景幽雅。绍隆寺的造型像一条龙卧伏在深山高谷中，寺门前的63级石阶，似龙的胡须，寺门东墙像"八"字，似龙的嘴，龙嘴吐着珠，龙珠就是三里之外的呈馒头状的横山；寺前两旁的两株古木，是龙的角；大雄宝殿的佛堂内有一块约两平方米的地方，微微隆起，谓之龙的舌头，铲平后一两年又凸起如故；寺的东西各有一口井，是龙的眼睛；寺的西北角有一悬挂的巨石，是龙的鼻子；寺前原来的土地庙，呈四方形，叫龙印；龙身压在西峰侧下，龙尾藏在江中。报恩塔西北的下方不远处，树木繁茂，荫翳蔽日，树丛中有一约五平方米的水池，这就是当地人所称的龙池。龙池的池水在大旱年头也不干涸，风平浪静时，水面如一面明镜，可以清晰地看到报恩塔的倒影。吴芝山曾作诗赞叹："天遣圜峰抱古林，龙眼绝顶一泓深。冽寒自可清诗骨，膏润应堪作旱霖。细细发源归大海，轻轻触石响清琴。流觞曲水当同趣，何必山阴足古今。"

报恩塔位于圜山之巅楞严寺侧，砖石结构，高七层，塔尖为一葫芦状铜顶，塔立山巅，直刺云天，愈显凌云之势。清诗人冷士嵋在《圜山塔》中说："直来千仞上，空阔任观瞻。"塔为明崇祯年间为陈观阳所建，又传塔砖为众人搬运上山，集众手而成，因又有"万人塔"之称。陈观阳，镇江丹徒人，自幼家境贫寒，经悬梁苦读，终于考中进士，官至吏部尚书。为报答家乡父老养育之恩，鼓励后辈认真读书，其倾尽历年积蓄建成此塔，命名"报恩塔"。后来，此塔成长江航道上的标志，溯江而上时，这是航行者见到的第一座塔，故又被誉为"万里长江第一塔"。远望圌山，瑞气升腾，山体巍峨，报恩塔冠于山顶，山塔相映，故有圌山塔映山之说。

圌山是一座英雄的山，为抵抗侵略、捍卫民族尊严，做出过历史贡献。由于圌山扼守长江门户，保卫着镇江、南京的安危，因而历来为兵家必争之地。唐代设樵山戍，即镇海军；宋代建圌山寨，韩世忠在此屯兵抗金。明代天启年间，倭寇犯圌山，参军毛文龙率部阻击，斩获甚众，从此倭寇不敢再犯镇江。1842 年 7 月第一次鸦片战争期间，英军舰队溯长江而上，到达三江营水面。次日，派侦察舰驶至圌山进行测量侦察。早已严阵以待的圌山炮台守军开炮阻敌，激战一个多小时，命中敌舰后舱，许多英军掉落江中，敌舰吓得退回三江营营地。1949 年 4 月 20 日夜，百万雄师渡过长江，将革命进行到底。英国四艘军舰竟粗暴干涉我国内政，炮击正在渡江的中国人民解放军，打死打伤我军 250 人。我军先头部队强渡长江抵达南岸后，立即利用圌山炮台有利地形，发挥强大炮火威力，与北岸我军炮兵配合作战，激战中三艘英舰仓皇逃窜，"紫石英号"舰被打得遍体鳞伤，挂旗投降。现在古炮台遗址和营房残迹犹存，为江苏省文物保护单位。

圌山附近的原石桥乡华山村，据说是著名民间传说"华山畿"的发生地。《古今乐录》曰："宋少帝时，南徐一士子从华山畿往云阳，见客舍女子年十八九，悦之无因，遂感心疾及葬，车载华山度，比至女门，牛不肯前……女出而歌曰：'华山畿，君既为侬死，独活为谁施？欢若见怜时，棺木为侬开。'棺应声开，女遂入棺，乃合葬焉。号神女冢。"自此有《华山畿》之曲。华山村素有"江南第一村"之称。村口有一株千年银杏树，葱郁秀美，树旁有银杏山房。村中有传说的神女冢，当地人称为玉女墩。至今每年春天，当地均有青年男女至神女冢旁烧香纸钱，祈求婚姻幸福的古风，村里的男女老少仍传诵"华山畿"传说，称其为"小梁祝"。

◇ 千里江天指顾间——宝华山

宝华山位于镇江市下属的句容市西北部，距镇江市区 32 公里，属宁镇山脉，面积约 7 平方公里，主峰大华山海拔 437.2 米。周围 36 峰拱卫，形若莲花，故有华山之称，俗呼花山。为别西岳华山，又称大华山。南朝梁高僧宝志登山结庵，为彰其开山之功，遂改名宝华山。宝华山林麓之美，峰峦之秀，洞壑之深，烟霞之胜，号称四大奇秀，山间常年云雾缥缈，环境幽美，人在山中走，如在仙境行。又为中国佛教名山之一，有"律宗第一山"之称。

南北朝时，高僧宝志在南京东郊，无意中瞥见山形巍然，状若莲花，高踞群山之中的华山，便于此结草为庵，设坛讲经。在宝志的加持下，宝华山声扬四海，名震天下。宝志和尚时常癫狂不羁，屡屡惊世骇俗，却神通广大，因种种仁善之行，深受官员百姓尊崇，都称他为宝志公。20 世纪八九十年代电视剧《济公》传遍大江南北，济公活佛嬉笑怒骂、正直诙谐、胆识过人、神通广大，据说即以宝志为原型。

隆昌寺位于宝华山上，又称宝华寺，始建于公元 502 年。因宝志在此结庵传经，故名宝志公庵。明神宗敕赐大藏经及"护国圣化隆昌寺"名称，

于是改称隆昌寺。清代康熙帝赐御书"慧居寺"匾额。隆昌寺内有几百间房屋，梵宫嵯峨，殿宇开阔，气势宏大，风格独特。通常寺庙山门、天王殿、大雄宝殿、藏经楼位于一条纵线上，这里的山门却在一侧，藏经楼、大雄宝殿、方丈室成一字形排列，与左右厢楼及正面的大悲楼组成一个四合院，在外围又有一层回廊环绕，这种重叠方形布局，人们称锁式结构，可以说是律宗道场的特有格局。宝志圆寂后，隆昌寺走向衰落，其后明末三昧寂光法师及其弟子读体见月使其中兴。三昧在隆昌寺建律宗道场，鼎新殿宇，设坛传戒，创"千华社"。见月弘扬正法，严明律制，确立三坛传戒法式，隆昌寺由此成为海内丛林弘律传戒之典范，被誉为"金陵四百八十大梵刹之最上者""天下第一戒坛"。清雍正十一年（1733），雍正帝召宝华山福聚和尚至京，主持放皇戒仪式。福聚率领 120 名执事进京，一路吹奏佛乐，入住北京悯忠寺，受皇帝多次召见，并改悯忠寺为法源寺。福聚主持三坛大戒，受戒僧众千人。自此，宝华山成为受戒圣地。不仅全国各地的僧尼来此受戒，东南亚一带僧众也不远万里前来修学受戒，最盛时僧尼达 3600 多人，隆昌寺成为一座国际性的佛学院，取得隆昌寺"戒牒"的受戒者"遍于天下，以数十万计"。古人有诗云："寺绕群峰多古木，云栖深树隐禅关。世传铜殿威仪盛，僧得檀林戒律还。"

　　隆昌寺后有明代建造的铜殿和无梁殿。铜殿原以铜铸之，在阳光下光彩灿烂，后毁，改为木结构。殿前有一亭阁，亭前有汉白玉石坛，坛壁四周雕有莲花等图案。铜殿前道旁有两块碑，一块是万历四十三年（1615）敕建宝华山护国圣化隆昌寺观音菩萨铜牌，焦竑撰；一块是康熙间重修寺碑。铜殿两侧为无梁殿，左供文殊，右奉普贤。两座无梁殿形状相同，均为单檐歇山山顶，内部因进深较短，仅用一道砖券代替横梁，下层正立面有一门二窗，皆为圆拱形，门窗上雕刻二龙戏珠、云纹等。无梁殿出檐不长，屋角起翘也不高。铜殿和无梁殿于 1982 年被列为江苏省重点文物保护单位。

　　汉地佛寺，山门一般向南开，此寺山门原为西向，在三昧和尚时改作北向，其中缘由，依《宝华山志》载："此山形势北向，以北为正，以南为背。"但本地传说是因皇帝驾临此寺乃由北而至，故改山门面北。曾有人作诗曰："林竹翠柏抱寺庵，隆昌古刹玉中藏。燕窝宝地佛中奇，山门朝北迎圣上。"隆昌寺的山门还有一特别之处，一般寺院山门巍峨，先声夺人，这里的山门却既小且僻。据说，隆昌寺乃弘律道场，僧人平时不得随便出入，故有意将山门造得很小。又说僧众平日功课较多，为使院内安静，故把山门造得偏僻，以免干扰。诚所谓"围着寺庙转，不见有山门；听得念经声，不则僧人影"。这种"深山藏古寺"的意境非比寻常，每当夕阳西下，宿鸟归巢，听松风涛语，钟声飘散，不由让人顿生隔世之感。

"山不在高，有仙则名。"自唐至清，历代都有文人游览宝华山，并留下近百首赞叹诗词。史载清康熙帝曾两次登临此山，乾隆帝则六上宝华山。乾隆皇帝南巡一般是正月十五前后从北京出发，由陆路经直隶、山东到江苏淮安，然后乘舟沿运河南下，经扬州、镇江、常州、苏州进入浙江，再由嘉兴、石门抵杭州。回銮时，绕道江宁（南京），祭明孝陵，于四月底五月初返京，往返水陆行程共5800余里。每次南巡他都要登临宝华山，进隆昌寺，并赋诗、题字、植松、赐银赠物。乾隆皇帝为隆昌寺大雄宝殿赐"光明法界"匾额，为铜殿赐"宝纲常新"匾额，为戒坛赐"精进正觉"匾额，还作诗赞誉宝华山隆昌寺："梵宇宝华阳，庄严殊胜常。石坛授五戒，铜殿压诸方。"乾隆帝在此不仅欣赏宝华美景，还体察此处民情，曾写下"宝华深秀处，问路记吾曾。是日观民暇，青春佳兴乘"的诗句。

宝华山现存中国的特有植物、堪称"植物界大熊猫"的宝华玉兰。1933年，我国著名树木分类学家郑万钧在宝华山北坡的天然次生林里，发现并采集到宝华玉兰的标本。它不同于花期相近的白玉兰，更不同于白玉兰、紫玉兰的天然杂种二乔玉兰，而是介于玉兰和木莲之间的一个自然种，是仅存于宝华山谷地山坡狭小区域的天然特有物种。每年春节一过，宝华玉兰就在万木凋零的早春绽开一树春花，白色的花朵大如莲，加上红艳艳的花蕊映衬，更显美丽，所以人们又称宝华玉兰是报春花。经研究发现，宝华玉兰是木兰科植物中仅存的纯种，稀有程度堪比大熊猫。

2004 年，宝华玉兰被列为中国植物的极危品种，和虎凤蝶一起成为江苏的两张生物名片。

◇　一水清泉长自流——大运河镇江段

大运河，这条世界上开凿时间最早、里程最长、规模最大的人工运河，是我国古代劳动人民创造的一项伟大水利工程。镇江有运河，最早为秦代开凿，至隋唐进一步疏拓，形成自京口达杭州的江南运河。经历代变迁，今大运河镇江段分为两部分：从平政桥到谏壁为运河故道，由隋唐时期河段、北宋新河及明初绕城运河串联而成，由京口闸、丹徒闸通江，长约 16.69 公里，称为古运河；今江南运河镇江通航段北起谏壁镇，经辛丰，至丹阳、武进交界处出境，经谏壁闸入江，长约 42.74 公里。

作为江南运河的北端起点和进入长江的门户，大运河镇江段以其得天独厚的地理位置和交通条件成为镇江"灵动的名片"和"流动的文化"。

朱武江 摄

京杭大运河北起北京，南至杭州，全长1800公里，它沟通海河、黄河、淮河、长江、钱塘江五大水系，在长江以北分通惠河、北运河、南运河、鲁运河、中运河、里运河六段，长江以南从镇江到杭州称为江南运河。镇江段是运河历史上最早开凿的地段之一。先秦时期的"徒阳运河"，又名"丹徒水道"，是江南运河北端通江河道的雏形，对吴、越相继北上争霸起过重要作用，也使镇江这座古老的城市一开始就处于长江和运河交汇的地理优势中。秦凿长冈和云阳北岗，改直为曲，以缓河水走泄，遂成江南运河北段的前身，它将长江水系与太湖流域沟通起来，加强了中原华夏文明与东南夷蛮地区的联系。西汉初年，镇江已是万户以上人口的大县。六朝时由于毗邻京城，发展迅猛，成为在长江下游仅次于建康的第二大城市。南宋祝穆在《方舆胜览》中称道："六代之风流，东通吴会，西接汉沔，浙西门户，控扼大江，内蔽日畿，望海临江，险过金汤，桑梓帝宅。"

隋唐时期，随着京杭大运河的全线贯通，长江和大运河在镇江构成国内最大的黄金十字水道，进一步确立了镇江作为江南入江通道主要门户的地位，镇江的区位地位也进一步攀升。自中唐始，镇江便为漕运咽喉，经这里中转的两浙漕米已占全国漕运量的四分之一以上。宋元以后，镇江更成为南北要冲，清朝漕粮运输数额超过以往历朝。漕运的兴盛直接促进了镇江商贸的发展，在镇江大运河两岸集散、中转、销售的大宗商品有米、谷、布、帛、丝、绢、盐、鱼、海货等日用品，两岸商贾群萃，店家林立，外地的客商也纷至沓来，行庄经营，还成立了协调同乡利益的广肇公馆、江西会馆、广东会馆、福建会馆等，这些又带动了镇江古代冶铁业、造船业、绸织业、酿醋业、酿酒业、药材业等行业的发展，使镇江成为市场繁荣、商品丰富，以及手工业、商业、钱庄业兴旺的"银码头"。李白《丁督护歌》"云阳上征去，两岸饶商贾"的乐府名篇，杜牧《润州》"绿水桥边多酒楼"的清词丽句，查慎行《京口和韬荒兄》"舳舻转粟三千里，灯火沿流一万家"的千古绝调，皆是当时镇江社会经济风貌的真实写照。时至近代，孙中山在他的《建国方略》中专列一节论述镇江，其中一段这样写道：镇江"为南北内地运河中心重要之地，而若将旧日内地运河浚复，且增浚新运河，则此地必能恢复其昔日之伟观，且更加重要。因镇江为契合黄河流域与长江流域中间之锁链，而又以运河之南端直通中国最富饶之钱塘江流域"。

大运河全线贯通以来，镇江成为南北交通必经之地，加以镇江山灵水秀，所以人员往来频繁，人口流动剧增，许多历史上的知名人物，包括外国名人也纷至沓来，他们在镇江为官作幕，屯兵作战，游山玩水，寻亲访友，经营营利，或者长期寄居，留下了许多华章名篇。意大利旅行家马可·波罗在《马可·波罗游记》中，有"镇江府城"一节，专述镇江名胜风情。被称为"高丽李太白"的李齐贤游历镇江，以诗文《焦山》《多景楼雪后》歌咏之；日本画僧雪舟曾游镇江，于成化八年（1472）绘名画《大唐扬子江金山龙游禅寺》。同时，伊斯兰教、基督教等外来文化相继传入，使镇江地域文化更加丰富多彩。

镇江古运河畔，90余处文化遗产星罗棋布，包括江河交汇处、宋元粮仓遗址等6处全国重点文物保护单位，其中京口闸与西津渡最为重要。京口闸一端牵着古运河，一端连着长江，是江南运河上的第一座闸，堪称漕运咽喉、交通枢纽，历经唐代至清代，民国时期填埋为路。京口闸在复式船闸的基础上，创造了一种更先进的澳闸，兼有蓄水、引水、引潮、通航、分流、避风、仓储、码头等多种功能，它集唐宋船闸设计之大成，成为世界船闸史上的一大杰作。经考证，遗存的京口闸闸体外面是块石垒砌，里面夯土。在闸体的石块与石块之间，古人凿"蝶形"卡口，然后铸铁块固定，"因为有了这些铁件环环相扣，石块与石块之间，任凭风浪冲击，异常牢固"。京口闸具有重要的历史文化价值。

悠悠流淌千年的古运河，如今流经市区的一段全长十多里，号称"十里长河"。漫步岸边，可以观赏"鹤林神女"雕像、珍珠广场、万福楼、寄奴居等仿古建筑之神韵；游艇河中，泛舟碧波，可领略两岸之绿色，品味"河边春事动，梅柳皆可赋"的意境。十里长河上横跨着十座桥，自南而北谓丁卯桥、塔山桥、南水桥、虎踞桥、解放桥、中山桥、新西门桥、西门桥、迎江桥和平政桥。丁卯桥初建东晋时期，因建于丁卯日而得名。留下名句"山雨欲来风满楼"的唐代诗人许浑，称赞这里"小桥通野水，高树入江云"，并将诗集命名为《丁卯集》。虎踞桥是江南运河长江入口处现存的第一座古桥，为单孔石拱桥，明万历二十二年（1594）修建，后经多次整修、改造，桥身的金刚墙、桥墩、桥拱、桥耳等仍较完整地保留了明代桥梁的建筑风格，具有很高的历史价值。这段穿越市区的古运河，形成了一种"小桥流水人家"的独特风貌，为名城镇江增辉添彩。

第二章

山青水绿镇江景
钟灵毓秀文人心

　　如果说俊逸的山、空灵的水、古朴的街是镇江的自然景观，那么千古文人与不朽巨著则是镇江的文化内涵。双"文"双"新"，《梦溪笔谈》《马氏文通》《大地》……虽然它们是不同领域的杰出作品，却有一个共同的归属，叫镇江。

　　镇江博大包容、春风化雨，无论是不是她的孩子，她都尽力滋养，让他们走得更远。有生于斯长于斯的葛洪、吕叔湘……也有半路相遇的苏轼、辛弃疾……在他们的生命历程中，有一段叫镇江。

　　镇江名家聚集，名篇荟萃。张若虚行吟江畔，将人生感悟寄于水月之间，"江畔何人初见月？江月何年初照人"；辛弃疾登上北固楼，对着浩浩长江发出赞叹"何处望神州，满眼风光北固楼"；丁卯桥的夜晚，江风拂面；西津渡的月光，清冷皎洁……这皆与来到镇江的你我有关。

　　镇江人杰地灵，千百年来孕育了无数英才，其中四位与天上亮着的四颗星交相辉映，熠熠生辉。

　　真好，我们在这里，遇见前贤，以及过往清丽的诗篇；真巧，我们在此刻，听到吟哦，以及千年不辍的弦歌。

第一节

春秋千古事　妙手著文章

◇ 双"文"双"新"，光照青史

○ 《文心雕龙》——体大思精，深得文理

《文心雕龙》全书共 10 卷 50 篇，皆"言为文之用心"，是南朝文学理论家刘勰创作的一部系统文艺理论著作，也是中国文学理论批评史上第一部有严密体系的文学理论专著。章学诚《文史通义·诗话篇》评价其为"体大而虑周"，足见其在我国文学理论批评史上的地位。

作者刘勰（约 465—532）是南朝梁文学理论批评家，祖籍东莞（今山东莒县）世居京口（今镇江）。年少时刘勰家境贫苦，仍刻苦读书，誓要成为国家之栋梁。他的人生十分坎坷艰辛，身边的亲人一个个地离开了他，于是他踏入钟山名刹定林寺，投靠了当时的高僧僧祐。定林寺位于建康（今南京）城郊，寺内藏书丰富、高僧辈出、名流云集，皇亲国戚常常进出其中。刘勰在此帮助僧祐校定藏经，在撰写佛理时广读书籍，为自己登仕途寻找伯乐。而立之年，刘勰开始着手创作《文心雕龙》。为了使自己的作品受到当朝文宗沈约的首肯，刘勰每天背着书稿，蹲守在沈府门口。一天，他跪在沈约回家的必经之路，头顶烈日，捧着书稿，沈约大为所动。回家后，沈约仔细阅读了《文心雕龙》，称赞其"体大思精，深得文理"，从而大行于世。

从内容上看，《文心雕龙》50 篇分为上、下编，每编 25 篇，分为"总论""文体论""创作论""批评论""总序"等五部分。其中总论论"文之枢纽"，包括根本的"原道""征圣""宗经""正纬""辨骚"5 篇，以孔子美学思想为理论基础，将"道"作为文学的本源，认为圣人是文人学习的楷模，经书是文章的典范。总论在全书中具有纲领性的地位。文体论 20 篇，每篇分论一种或两三种文体，具有独特的言说方式，既逻辑地说，又诗意地说、叙事地说，形成了诗性与逻辑性、片断性与整体性、

抒情性与叙事性相生相济的言说方式。每言及一种文体首先要"释名以章义"，比如其《论说》篇释"论"之名，认为先秦典籍中最先以"论"名篇的是《论语》，所谓"群论立名，始于兹（《论语》）矣。自《论语》已前，经无论字"。与庄周《齐物》相较，《论语》之"论"强调的是"论体"的条理性，即逻辑性；《齐物论》之"论"强调的是辨正性，即思辨性。创作论 19 篇，由对物与情、言与物、言与情三种关系的论述构成，分论创作过程、作家风格、文质关系、写作技巧、文辞声律等。批评论 5 篇，从不同角度对过去时代的文风及作家的成就提出批评，并对批评方法做了探讨，也是全书精彩部分。

　　刘勰在《文心雕龙》最后的《序志》篇中说明了自己的创作目的和全书的部署意图，他的根本出发点是立志解决六朝文坛的弊病。他说"岁月飘忽，性灵不居；腾声飞实，制作而已。夫有肖貌天地，禀性五才，拟耳目于日月，方声气乎风雷；其超出万物，亦已灵矣。形同草木之脆，名逾金石之坚，是以君子处世，树德建言"。六朝文坛的弊病在于它的枝叶大过了主干，干弱枝强，文人追新逐奇，崇尚浮浅怪异的语言，过分重视辞藻的修饰。为此，他提出正末和归本并举，大力宣扬"体要"的观点，极力反对"讹体""变体"，在此基础上提出"本乎道，师乎圣，体乎经"的主张，通贯全书，浑然天成。

　　《文心雕龙》不仅具有完整的文学理论体系，还较为全面地反映了

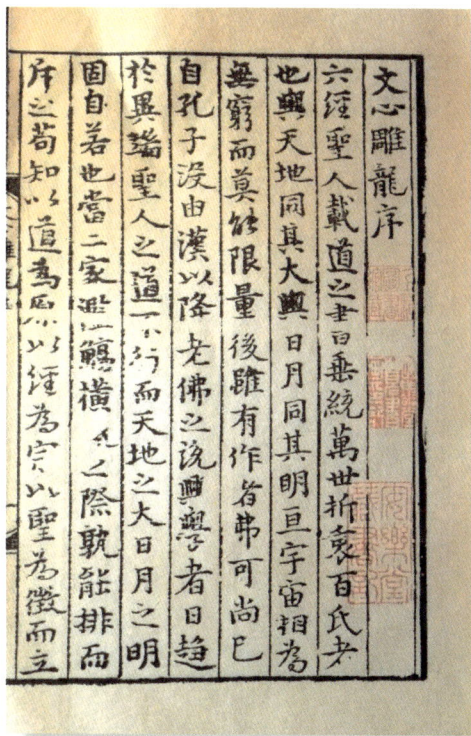

中国古代文学理论的民族传统，对后来的文学理论批评发展具有奠基作用，是中国古代文学理论批评发展史上最具有代表性的权威著作，被誉为"中国古代文学批评皇冠上的明珠"。

○　《文选》——中国现存最早的一部诗文总集

《文选》是由南朝梁萧统组织文人共同编选，是中国现存最早的一部诗文总集。萧统死后谥"昭明"，以此《文选》又名《昭明文选》。萧统（501—531），少年时才华横溢，深通礼仪，性情纯孝仁厚，同时他也具有关怀百姓的民本思想，因此深受人民爱戴敬重。

与其他的太子不同，萧统生于皇室却偏偏适意山林、淡泊名利，甚至曾经长时间在招隐寺中的读书台和增华阁居住、读书。《文选》编成后，萧统因劳累双目失明，不久卒于建康，年仅 31 岁，令人唏嘘不已。

在这部总集里，萧统对我国先秦两汉以来文史哲不分的现象做了梳理和区分。他认为经史诸子都以立意纪事为本，不属辞章之作，只有符合"事出于沉思，义归乎翰藻"标准的文章才能入选。也就是要求入选作品一方面要强调"文以载道"，在文章中蕴含自己的思想；另一方面要善用典故成辞，善用形容比喻，辞采精巧华丽。《文选》正是以此来划分文学与非文学界限的第一部选集。

从文学价值上看，《文选》继往开来，对古今文体做了全面的阐述、辨析和整理，是我国第一部按体区分的规模宏大的文学总集，具有开创性意义。

《文选》自梁代成书，初唐时期卓然成"学"，直至盛唐时代成为士子必读的文学经典。后世有"《文选》烂，秀才半"之说。有关《文选》的研究被称为"选学"。

○　《世说新语》——记言则玄远冷隽，记行则高简瑰奇

《世说新语》是南朝宋刘义庆所撰文言志人小说集，以笔记实录的形式记载了魏晋时期各具风骚的奇人之逸事。刘义庆（403—444）宗族世代定居晋陵郡丹徒县京口里（今镇江），长期活跃于京口文坛，

是促进京口文化发展的重要人物。刘义庆自幼博览群书，是名副其实的"学霸"；长大后出任朝廷秘书监，负责管理国家藏书，借此机会他便能接触大量的文献典籍，积累了深厚的文学功底，为其著书奠定了基础。

作者长期在京口生活，对本地的风土人情有深刻的体验，所举实例也很有代表性。《世说新语》中涉及的京口人文补充了地方史志的不足，这使其显现出了非常可贵的现实意义。书中常用"小小八卦"蕴含为人处世的哲理，比如"坦腹东床"这一故事说：晋代太尉郗鉴是个很爱才的人，为了给女儿选择一个合适的对象，郗老大人动了不少脑筋。后来，他打听到丞相王导家的子弟一个个相貌堂堂、才华出众，于是派一个门客到王家去选女婿。消息传来，王家子弟兴奋又紧张，一个个精心修饰一番，规规矩矩地坐在学堂里，表面上是看书，心儿早就飞了。可是，只有一个人在东厢房的床上，坦腹而卧，若无其事。郗鉴知晓了情况之后，恰恰对那位举止"随便"的青年有兴趣，他高兴地将两个手掌一合，说："这就是我要找的女婿啊。"这位青年不是别人，正是大书法家王羲之。

除此之外，《世说新语》还提到京口北府兵力的强悍："郗司空在北府，桓宣武恶其居兵权。"刘孝标的《世说新语注》中也引证《南徐州记》："徐州人多劲悍，号精兵，故桓温常曰：'京口（南徐州）酒可饮，箕可用，兵可使。'"可见京口军事力量之盛。

○ 《玉台新咏》——但辑闺房一体，温柔敦厚之遗

《玉台新咏》是一部汉朝至梁朝的艳歌总集，由徐陵于梁武帝时期编成，以绮丽的宫体诗为主。其编纂宗旨是"选录艳歌"，即主要收录男女闺情之作，缠绵情思、眷恋哀怨都在这部书中呈现。编者徐陵（507—583）祖籍为北方东海郡，永嘉乱后，其祖父迁居南徐州（今镇江），他出身世宦家庭，具有深厚的文学素养，先天聪慧，《陈书》载："八岁，能属文，十二通老庄义，既长，博涉史籍，纵横有口辩。"这为他编纂《玉台新咏》奠定了深厚基础。

虽被一些文学批评家毫不客气地指责"《玉台》陷于淫靡"，但《玉台新咏》在思想上表现出了反封建礼教、争取婚姻自由的先进性，如《陌上桑》《羽林郎》《孔雀东南飞》等作品，皆具有积极的思想意义。《孔雀东南飞》受到了华山畿传说的影响，在长期流传过程中，不断有所修饰变化，最后在《玉台新咏》中得到完善。

《玉台新咏》是我国文学史上第一部烙上女性标记的诗集，从中可以清晰地看到女性诗人活跃的身影。编者并没有区分诗人身份的贵贱，而是从诗歌内容着手来编撰。女诗人作品的选辑，是性别平等思想的初步表现。

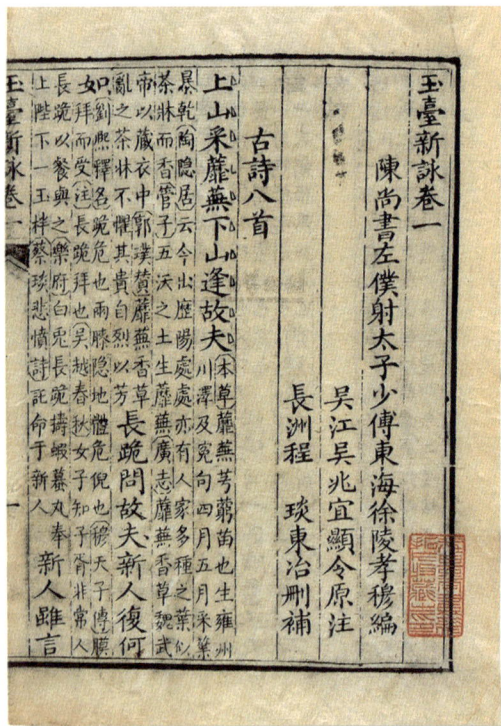

◇ 汇古今著述 聚中外英华

○ 《梦溪笔谈》——中国科学史上的坐标

《梦溪笔谈》由北宋政治家、科学家沈括（1031—1095）撰，是一部涉及古代中国自然科学、工艺技术及社会历史现象的综合性笔记体著作，被英国科学史家李约瑟誉为"中国科学史上的坐标"。

《梦溪笔谈》全书 26 卷，另《补笔谈》3 卷，《续笔谈》1 卷。成书于北宋元祐三年（1088）至绍圣二年（1095）。《梦溪笔谈》分 17 类，计 609 条，内容包括天文、气象、数学、地质、地理、物理、化学、生物、医药、冶金、印刷术、文学、历史、音乐、艺术等，堪称中国古代科技第一百科全书。此书不仅记载了我国 11 世纪中叶以前许多珍贵的科学史料，同时还记录了沈括自己对科学技术诸多问题的敏锐观察、精确实验和理性思考。

沈括自言其创作是"不系人之利害者"，出发点则是"山间木荫，率意谈噱"。书名《梦溪笔谈》，则是以沈括晚年退隐润州（今镇江）卜居处"梦溪园"的园名来命名的。历经人生波折的沈括，在千帆过尽的晚年，遇到了镇江这个充满历史韵味的城市。他看着这方水土，心也慢慢被抚平。他静默地在梦溪园里划开自己的一方天地，在狭窄的书桌上一笔一画地写下半生见闻，于是这部传世之作，就得以在镇江这块宝地面世。

如《梦溪笔谈》记载活字

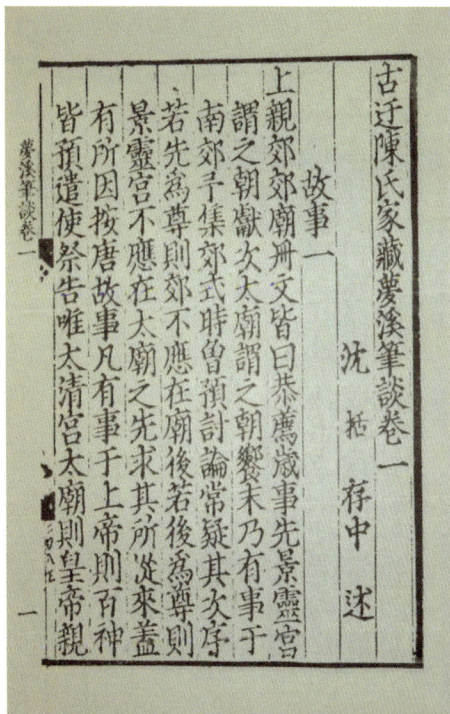

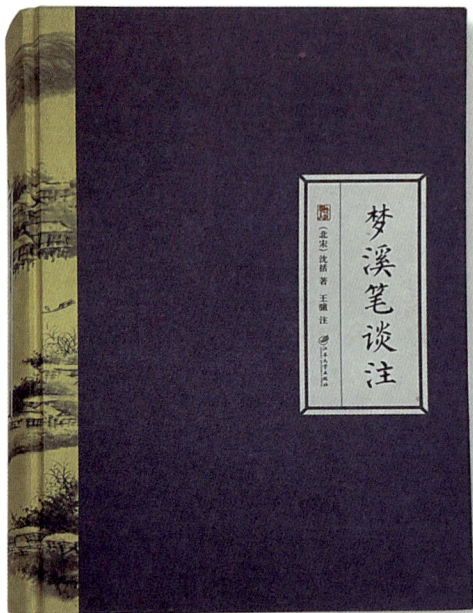

印刷术云"庆历中有布衣毕昇，又为活板。其法：用胶泥刻字，薄如钱唇，每字为一印，火烧令坚……若止印三二本，未为简易；若印数十百千本，则极为神速……不若燔土，用讫再火令药熔，以手拂之，其印自落，殊不沾污。昇死，其印为予群从所得，至今保藏。"

《梦溪笔谈》中的自然科学部分，总结了中国古代特别是北宋时期的科学成就；社会历史部分，对北宋统治集团的腐朽有所揭露，较为翔实地记载了西北和北方的军事利害、典制礼仪的演变，旧赋役制度的弊害，可以说是包罗万象的百科全书。现存最古本是元大德刻本。

《梦溪笔谈》成书900多年后，国内第一本《梦溪笔谈》全注本由比邻梦溪园的江苏大学出版社出版。《梦溪笔谈注》由原镇江师专中文系副教授王骧历时26年完成。作者以耄耋之年对《梦溪笔谈》《补笔谈》《续笔谈》共609条原文全部做了专门的、较广泛的注释。文史大家卞孝萱教授在《梦溪笔谈注》序言中称赞道："如将《梦溪笔谈》比为一座知识宝库，王本《梦溪笔谈注》就是一把开启宝库的钥匙，可谓功德无量。"

○ 《马氏文通》——汉语语法学开山之作

《马氏文通》是我国第一部体系完整的汉语语法著作，开创了系统研究中国语法的先河。这本书的作者马建忠（1845—1900），字眉叔，江苏丹徒（今镇江）人，语言学家，掌握拉丁文、希腊文、英文、法文等多种语言。留学归国后助李鸿章办理洋务，提倡振兴工商业，又精求西方的文明。

《马氏文通》以典范的文言文为研究对象，取材于《四书》《三传》《史记》《汉书》及韩愈的文章，例句有七八千种。书分十卷，卷一讲"正名"，介绍主要的术语。卷二至卷九依次论述各类实词和虚词。虽然以词类为纲，但是具体分析时莫不依据语句。卷十论句读，是句法的总论。作者在《例言》中说"是书本旨，专论句读"，这是《马氏文通》的特点。马建忠主张根据词义确定词类，同时认为词类和句子成分有对应关系。如果遇到不符合这种规定的情况，就用词类通假来解释。全书的系统模仿西方传统语法，同时也注重汉语实际。如句法系统，拿静字（形容词）与动字（动词）并列，认为它们都能充当语词（谓语）。

《马氏文通》的问世，使汉语语法与世界接轨，其价值被学术界所公认。后人对《马氏文通》的研究也弥久不衰，时有专论。原镇江师专中文系蒋文野教授著有《马建忠编年事辑》《〈马氏文通〉论集》，被著名语言学家廖序东赞为"填补了语言学家马建忠研究的空白"，"拓宽了《文通》研究的领域"。

○ **《铁云藏龟》——第一部传世的甲骨文著录书**

《铁云藏龟》是第一部甲骨文著录书，清光绪二十九年（1903）抱残守缺斋石印出版，由镇江籍学者刘鹗从其所收藏甲骨中精选编成。另外，刘鹗还是晚清四大谴责小说之一《老残游记》的作者。

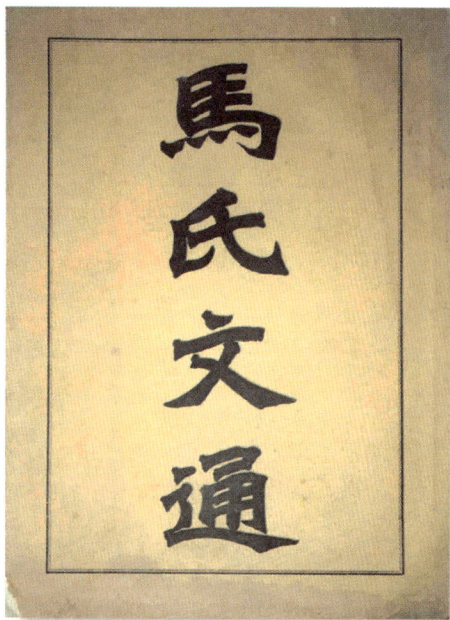

他在《铁云藏龟》的自序中，记述了发现龟甲兽骨文字的过程，还记述了文字从古籀到隶书的发展过程，第一个提出了甲骨文是"殷人刀笔文字"，这对于甲骨文的认识具有非常重大的意义。该书将甲骨文由只供少数学者观赏摩挲的"古董"变为广大学者研究的资料，在甲骨学史上具有不可磨灭的开创之功。

1900 年，刘鹗四处收集庚子之乱散失民间的古董古物。王懿荣是一位研究中国古代钟鼎文化的金石学家。因为生病，他发现一种叫作"龙骨"的药材上有字，断定是非常遥远的古人占卜用的一种记录，还没来得及仔细研究，就被任命为京师团练大臣，处理防卫北京和抵抗八国联军的事务。在慈禧和光绪帝逃离京城后，王懿荣临危受命，率众奋力抗击联军，誓死不做亡国奴，最终投井殉国。他的长子王翰甫为还债，变卖家中文物时，将 1000 多片龙骨卖给了刘鹗。

刘鹗经过潜心研究，最终判断其为殷人的刀笔，是华夏文明的历史源头见证。之后，刘鹗从河南、北京、天津等地搜罗了 5000 余片，并且从中精拓了 1058 片，于 1903 年印成《铁云藏龟》一书。此书成为我国第一部藏录甲骨文的著作，为甲骨文的研究工作拉开了序幕。

后来同乡文字学家叶玉森继续刘氏未竟之业，编成《铁云藏龟拾遗》。

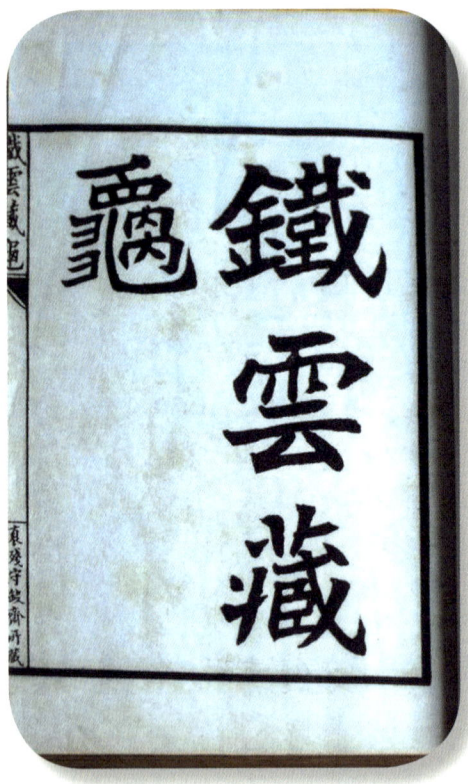

○ 《大地》——诺贝尔文学奖巨作

美国女作家赛珍珠，在她出生 4 个月后，就随传教士父母从美国漂洋过海来到中国，不久后定居镇江。赛珍珠的童年、少年、青年时代都是在镇江度过的，前后长达 18 年之久，是名副其实的"镇江的女儿"。1931 年，39 岁的赛珍珠完成了《大地》的创作。

赛珍珠运用中国人的视角，以文化为切入点，描写中国农村和城镇生活，向西方阐释中国；以土地为纽带，体现了中西文化的冲突和融合，架起了东西方文化交流的桥梁，为传播中国文化做出了不可磨灭的贡献。她站在两种文化的交叉面上，既看到了两种文化的矛盾和对立，又看到了两种文化交流和融合的可能性和必然性。她笔下的《大地》，以王龙一家人的生活为主线，以女主人公阿兰为主体，塑造了全新的、有血有肉的中国农民形象。

赛珍珠在《大地》中塑造了一系列勤劳朴实的中国农民的形象，她用生动的笔触描绘了农民的家庭生活，以深切的同情与关怀来观照农民灵魂的侧面。赛珍珠之所以选择农民为描述对象，不仅是因为她自己有着丰富的江南乡村生活经历，更是由于之前在她阅读的美国文学里面描写中国农民的形象："中国男子总是拖着长长的辫子，女子则是裹着小脚，成日干着一些令人发笑的事情。"赛珍珠非常厌恶书中这些充斥着刻板印象的"中国形象"，她想凭借自己在中国农村生活的真实感受，试图用文字来还原这些质朴的中国农民对土地的热爱。

1938 年，《大地》三部曲等获诺贝尔文学奖，也改变了西方读者眼中中国"软弱落后"的刻板印象。评委会认为赛珍珠"通过那些具有高超艺术品质的文学著作，使西方世界对于人类伟大而重要的组成部分——中国人民有了更多的理解和认同"。赛珍珠在诺贝尔文学奖的领奖台上发表了这样的致辞："如果不以我个人的方式提到中国人民，我就还不是真正的自己。领养过我的中国与我自己的国家有许多心理上的一致之处，其中最突出的就是对自由的热爱。有了这种对自由热爱的决心（这决心深深地扎根于她的本性之中），我知道，她是不可战胜的。"她再次向全世界诉说了自己对中国大地与中国人民的同情与热爱。

赛珍珠在《大地》中表达了中国式的民主思想，对一代西方人认识中国产生了深远的影响。1943年，获得普利策奖的《大地》被用来支持废除《排华法案》。中国人民的朋友海伦·斯诺夫人也是因为读了《大地》才决心来到中国帮助中国。中国学者廖康指出，赛珍珠"通过文学作品单枪匹马改变了美国人对中国人的歪曲认识。中国人不再被看作廉价、肮脏、可笑的苦力，或者偷偷摸摸的、邪恶堕落的和阴险狡诈的魔鬼。大部分中国人在文学作品中第一次被看作诚实、善良、生活俭朴、工作勤奋、敬畏神灵的农民，和美国农民没有什么不同"。

江苏大学有多年赛珍珠研究历史。1996年《江苏大学学报（社科版）》开辟的"赛珍珠研究栏目"成为汇集赛学研究成果的重要园地。2015年江苏大学图书馆成立"国际赛珍珠文献资源中心"，旨在打造全球最有影响的赛珍珠资源平台和研究基地。

○ 《天山牧歌》——轻快悠扬的情感牧歌

闻捷（1923—1971），原名赵文节，曾用名巫之禄，现代诗人，丹徒人。闻捷的创作主要以诗歌为主。《天山牧歌》既是闻捷的成名作和抒情诗的代表作，也是新中国十七年诗坛上最具特色的诗集之一，这部诗集包括四组组诗、九首散歌和一首叙事诗。

闻捷在《天山牧歌·序诗》中说："我从东到西、从北到南，处处看到喷吐珍珠的源泉。"新疆少数民族生活中到处是"珍珠"，但发现它们却需要诗的慧眼和才情。在新中国成立初期，闻捷是第一个用动人的诗篇，讴歌了这块别具风情的土地上的人民的生活、劳动和爱情的诗人。

在这部诗集里，最受人称道的是《吐鲁番情歌》和《果子沟山谣》两组爱情诗。爱情作为人类最美好的一种感情，是中外诗歌史上一个永恒的主题。然而闻捷的爱情诗既有鲜明的时代性又有诗人的独特性。他表现的爱情生活是健康的、明朗的、欢快的，丝毫没有旧时代爱情诗里那种忧郁的阴影。如《葡萄成熟了》：

马奶子葡萄成熟了，

坠在碧绿的枝叶间，

小伙子们从田里回来了，

姑娘们还劳动在葡萄园。

小伙子们并排站在路边，

三弦琴挑逗姑娘心弦，

嘴唇都唱得发干了，

连颗葡萄子也没尝到。

小伙子们伤心又生气，

扭转身又舍不得离去：

"悭吝的姑娘啊！

你们的葡萄准是酸的。"

姑娘们会心地笑了，

摘下几串没有熟的葡萄，

放在那排伸长的手掌里，

看小伙子们怎么挑剔……

小伙子们咬着酸葡萄，

心眼里头笑眯眯：

"多情的葡萄！

她比什么糖果都甜蜜。"

显然，这样的爱恋场面是属于新中国第一代青年男女的，它绝不会出现在已逝的"河水陪伴着寡妇们哭泣，云雀鸣叫着孤儿的悲愤"的时代（《古老的歌》）。然而对新时代的爱情，闻捷又有自己的抒写方式。一个勇敢的猎人这样诉说着对牧羊姑娘的追求："你要我别在人前缠你，除非当初未曾相见，去年的劳动模范会上，你就把我的心搅乱。"（《追求》）一个定了婚期的哈萨克姑娘在等待着这样的未婚夫："他从不满足自己的生活，眼睛永远闪着光芒，怀着一颗炽烈的心，想一手改造自己的家乡。"（《婚期》）而追剿过乌斯满匪帮的一个有名的射手所得到的爱情更为动人，他在战斗中失去了左手，为了他人的幸福，他忍着内心的痛苦，请求心上人把他忘记，可是姑娘却这样回答："我一句话也说不出，拥抱着他一吻再吻，哪怕他失去了两只手，我也要为他献出终生。"（《爱情》）在这些诗里，诗人把对爱情的讴歌与对新中国青年热爱劳动、热爱新生活、追求美好未来的心灵及其高尚情操的赞美融为一体。

可贵的是，闻捷这些写劳动写理想写情操、折射着新时代新生活新人际关系光辉的爱情诗，篇篇都有甜蜜的爱情，而且抒写得是那样的富有魅力。魅力来自诗人对情感世界的深层挖掘和含蓄而富有风趣的表达方法。如《赛马》：

> 他的话还没有说完，
> 我们就到了起赛地点，
> 他勒转马头扬起鞭，
> 像一颗流星划过暗蓝的天。
> 他的心眼多么傻呵，
> 为什么一再地快马加鞭？
> 我只想听完他的话，
> 哪里会真心把他追赶。
> 我是一个聪明姑娘，
> 怎么能叫他有一点难堪？
> 为了堵住乡亲们的嘴巴，
> 最多轻轻地打他一鞭。

赛马又称"姑娘追"，是哈萨克青年表达爱情的一种游戏：去起赛点的路上，小伙子可以尽情地向姑娘诉说衷肠，姑娘不得恼怒；回身往终点跑时，姑娘如追上了小伙子，则可以用鞭子抽打他的脊背，小伙子不得还击。这首诗以简洁直白的语言，真实地抒写了姑娘追赶小伙子时隐秘而微妙的心理。

在闻捷的笔下，这样细致的心理刻画还可以举出不少的例子。正如诗评家们所指出的，他善于抓住青年男女一刹那间的心理状态，饶有风趣地表现他们初恋时的羞涩、爱情交流时的欢乐、失恋时的痛苦，以及远方情人的思念等感情，使读者从短小的诗章里领略到爱情的甜蜜和优美的情思。

闻捷的爱情诗既有"诗情"又有"画意"。他注意选择和抒写诸如雪莲、羊群、葡萄园、白桦林、鲜奶、烤肉、手鼓、三弦琴等富有地方色彩的事物，以及维吾尔、哈萨克、蒙古等民族的特有风情，将甜蜜的爱情与优美的情思置入风景画和风俗画之中。

总的来看，闻捷的诗歌把新疆各族青年热爱劳动、建设家乡和对美好爱情的追求结合起来，以纯真的爱情激发人们的美好情思，并且善于选取动人的生活片段和简洁的景物进行描写，把叙事、抒情、绘景融为一体，生成一种诗情画意交融的艺术境界，摄取具有浓厚生活情趣的恋爱场景，描摹情人间微妙的内心活动。此外，诗歌语言清新明丽，节奏匀称，韵律和谐，具有牧歌色彩。

为了纪念这位从镇江走出去的"人民诗人"，丹徒区高资街道水台村建有"闻捷诗歌馆"。闻捷诗歌馆不仅是镇江一张亮丽的文化名片，也是江苏大学文学院师生"行走的红色文学课堂"。

第二节
江山代有才人出　各领风骚数百年

◇　两三星火　古今长明

浅浅薄云，点点月光，星光在夜空中闪烁，时空定格。几多故事在日光下舒展，就有几多情愁在星空里飘摇。夜以星为眼，抚照苍茫大地，吟幽思缱绻，诉千古情长。茫茫苍穹中，"祖冲之星""沈括星""茅以升星""李佩星"，还有众多名人志士闪耀着，这是属于镇江这片古意盎然的土地的星光。

○ 祖冲之

1964 年 11 月 9 日，为了纪念祖冲之对我国和世界科学文化所做出的伟大贡献，紫金山天文台将 1964 年发现的小行星 1888 命名为"祖冲之星"。

祖冲之（429—500），字文远，范阳郡道县（今河北涞水）人，南北朝时期杰出的数学家、天文学家。他在镇江任职期间潜心研究，撰写了《大明历》，这是当时最科学、最进步的历法，为后世的天文研究提供了正确的方法。祖冲之一生钻研自然科学，其主要贡献在数学、天文历法和机械制造三方面。他在刘徽开创的探索圆周率的精确方法的基础上，首次将"圆周率"精确推算到小数点后第七位，即在 3.1415926 和 3.1415927 之间，他提出的"祖率"对数学研究有重大贡献。直到 16 世纪，阿拉伯数学家阿尔·卡西才打破了这一纪录。其主要著作有《安边论》《缀术》《述异记》《历议》等。《缀术》极其高深，以至于"学官莫能究其深奥，故废而不理"。在唐朝官学中，《缀术》也被列为必读的 10 部算经之一，且需学习 4 年，年限为各经之首。后来，《缀术》传至朝鲜。10 世纪以后，《缀术》渐渐在各国失传了，但从该书在唐代官学中的学习年限及史书中相关的零星记载，我们仍可以想见其学术价值。

祖冲之曾在著作中自述说，从很小的时候起便"专功数术，搜烁古今"。他把从上古时直至他生活的时代的各种文献、记录、资料，几乎全都搜罗来进行考察。同时，他主张决不"虚推古人"，决不把自己束缚在古人陈腐的错误结论之中，并且亲自进行精密的测量和仔细的推算。像他自己所说的那样，每每"亲量圭尺，躬察仪漏，目尽毫厘，心穷筹策"。祖冲之由于博学多才的名声，被南朝宋孝武帝派至当时朝廷的学术研究机构华林学省做研究工作，后来又到总明观任职。当时的总明观是全国最高的科研学术机构，相当于现在的中国科学院。总明观内分设文、史、儒、道、阴阳5门学科，实行分科教授制度，请来各地有名望的学者任教，祖冲之就是其一。在这里，祖冲之接触了大量国家藏书，其中包括天文、历法、术算方面的书籍，这让他具备了借鉴与拓展的先决条件。

大明五年（461），祖冲之担任南徐州刺史府的从事，先后任南徐州从事史、公府参军。这期间，祖冲之虽然生活很不安定，但是仍然坚持学术研究，并且取得了很大的成就。第二年，祖冲之把精心编成的《大明历》送给宋孝武帝请求公布实行，宋孝武帝命令懂得历法的官员对这部历法的优劣进行讨论，最终，宋孝武帝决定在大明九年（465）改行新历。后来，祖冲之被调到娄县做县令，之后又到建康担任谒者仆射的官职。从这时起，一直到南朝齐初年，他花了较大的精力来研究机械制造，重造出了用铜制机件传动的指南车，发明了一天能走百里的"千里船"及水碓磨（利用水力加工粮食的工具），还设计制造过漏壶（古代计时器）和巧妙的欹器。

祖冲之的晚年，正值南齐后期，统治阶级内部矛盾尖锐，政治黑暗，社会动荡不安。在这种情况下，祖冲之的研究方向有了很大的变化。他着重研究文学和社会科学，同时也比较关心政治。隆昌元年（494）到建武五年（498）之间，他担任长水校尉的官职。当时他写了一篇《安边论》，建议政府开垦荒地，发展农业，增强国力，安定民生，巩固国防。齐明帝看到后想令他"巡行四方，兴造大业，可以利百姓者"，但南齐的统治已经无法再维持下去，国家政权摇摇欲坠，再加上南北朝之间的连年战争，祖冲之良好的政治主张无法在国家内部施行，更无法实现了。永元二年（500），这位卓越的大科学家去世。他的天文历法心血之作《大明历》在天监九年（510）才以《甲子元历》之名颁行。

○ 沈括

1979年7月1日，紫金山天文台将在1964年11月9日发现的小行星2027命名为"沈括星"。

沈括是北宋政治家、科学家。嘉祐八年（1063）进士，授扬州司理参军，

神宗时参与熙宁变法，历任太子中允、检正中书刑房等职。沈括谪守宣州时，曾托人在润州购得园圃一处，多年后发现竟一如梦中所见，他在《梦溪自志》中云："元祐元年，道京口，登道人所置之圃，恍然乃梦中所游之地。翁叹曰：'吾缘在是矣。'于是，弃浔阳之居，筑室于京口之陲。"并且将归栖之所名曰：梦溪园。也正是在这里，他结交了一批高雅文士。

梦溪园中有一山丘，千木放花，曰"百花堆"，庐舍建其上，居高临下，景色尽收。曲径通幽处，有一茶寮，名曰"萧萧堂"。在"萧萧堂"里，沈括邀集学林诸友，举行茶谭——煮泉瀹茗、啜茗宴客、谈诗论文、抚琴赏画、交流学术，这便是竹坞茶谭。沈括的竹坞茶谭"三悦九客"，可谓高雅。受邀者须是赏鉴陶渊明、白居易、李约诗作的行家（三悦），须是精通琴棋丹墨、吟酒谭茶的能手，还须是参禅论道的高人（九客），真可谓"谈笑有鸿儒，往来无白丁"。沈括的竹坞茶谭在品茗中形成吟诗茶、赏琴茶、杂谈茶、弈棋茶、翰墨茶、酬酢茶、炼丹茶、悟禅茶，既体现竹坞茶谭主人的无限茶情，又不失中国茶道的简约之美。竹坞茶谭学术探微，可谓高深：精研于算学，考究于物理，或论天文，或说地理，或论诗，或说艺，在品茗中将学术探讨与艺术交流融为一体，蕴含着深厚的文化内涵和高雅的审美情趣。

我国率先对沈括的科学贡献进行研究的是科学家竺可桢，他对沈括的学术成就做过中肯的概括和评价："我国文学家之以科学著称者在汉有张衡，在宋则有沈括。《四库全书总目》谓括在北宋，学问最为博洽，于当代掌故，及天文算法钟律，尤其究心；《宋史》载括博学善文，于天文、方志、律历、音乐、医药、卜算，无所不通，洵非溢美。自来我国学子之能谈科学者，凤毛麟角，而在当时能以近世之科学精神治科学者，则更少……正当欧洲学术堕落时代，而我国乃有沈括其人，潜心研究科学，亦足为中国学术史增光。"英国汉学家李约瑟认为沈括"可能是中国整部科学史中最卓越的人物"，他的《梦溪笔谈》则是"中国科学史上的坐标"。

沈括当年居住的"梦溪园"现位于镇江市梦溪园巷 21 号，与江苏大学梦溪校区比邻。园门上端"梦溪园"三个大字由镇江籍著名桥梁专家茅以升题写。在如今的梦溪广场中央，一尊高大的沈括雕像静静矗立着，凝望着远方。

○ 茅以升

茅以升（1896—1989），江苏镇江人，著名土木工程学家、桥梁专家、工程教育家，曾担任九三学社第五至七届中央副主席、第八届中央名誉主席，第六届全国政协副主席。主持我国铁道科学研究 30 多年，为铁道科学进步做出了卓越贡献。他设计的钱塘江大桥，结束了我国没有自己设计建造现代化大桥的历史，是中国人在中国境内自行设计、主持施工的第一座现代化桥梁，是我国桥梁建筑史上的里程碑。此外，他还主持了武汉长江大桥、重庆石板坡长江大桥等重大工程的设计，并为我国培养了很多建筑人才，在工程建设、研究、教育领域承担重任，故而也被尊为"中国现代桥梁之父""中国桥魂"。

1896 年，茅以升出生在镇江，从小求学上进，独立思考。

一次偶然的机会，他在心里种下了建造桥梁的种子。茅以升从唐山路矿学堂毕业后，赴美国康奈尔大学土木工程系学习桥梁工程，1919 年成为获得卡耐基理工学院工科博士学位的第一人。此后归国，辗转多地。而镇江始终在他心里。1955 年，茅以升访日归来，在杭州受到毛主席接见时，毛主席问他是哪里人，他毫不思索地回答，"我是镇江人"。

他一生一共五次回镇江。第一次是 35 岁，他就任江苏省水利局局长，亲自勘测镇江地形，计划在镇江象山、北固山之间建造一座新港，便利交通，发展商业。尽管未成现实，但留下了一段佳话。

第二次是 17 年后，这次回乡的茅以升，心中满是失去亲人的痛楚。早先，茅以升的父亲茅乃登病逝于南京，归葬于故乡镇江西郊蒋乔嶂山，当时茅以升回家奔丧，但由于筹建钱塘江大桥而无法扶灵去墓地。1946 年 1 月 5 日，茅以升的母亲在重庆去世。直到 1948 年 1 月 7 日，他才将父母双灵在蒋乔嶂山墓地安然合葬。

茅以升第三次回镇江，是 1959 年春。他和其他几位领导同志赴江苏视察，来到镇江。在镇江视察的三天时间里，茅以升和镇江的负责同志亲切会面，畅谈甚洽。其实，在新中国成立后不久，茅以升就把草巷老屋捐赠给了镇江地方政府。

茅以升第四次回镇江，是 1984 年来镇江参加《大百科全书·土木工程卷》编委会成立会议，并和镇江市第二中学的孩子们见面。他十分关心孩子们的成长，曾经写信鼓励他们："中学在一个人的学生时代是最重要的阶段，殷切地期望你们学科学，爱科学，打下各门功课的扎实基础，长大了才能成为建设祖国、建设家乡的优秀人才。"

茅以升最后一次回镇江，是 1987 年了。当时茅以升参加钱塘江大桥建桥 50 周年纪念活动后，特意来故乡镇江看看，游览金山，祭扫父母坟墓，在梦溪园留下墨宝。他自幼不在镇江生活，但镇江在他身上刻下了深深的痕迹。家里人教他说话都是从镇江口音开始，以至于他说话带着浓浓的镇江乡音，终身不变。

在他生命最后时刻，他还在叮嘱秘书小郑："小郑，车来啦？快，我们回镇江……"他始终记得自己出生在镇江五条街草巷的老屋，祖父母安葬在镇江五州山的湾沟，父母合葬在蒋乔的嶂山。

生于江南水乡镇江的茅以升，在三江滚滚流逝的涛声中绘出一座座桥梁的骨架，镇江的山水哺育了他，他也用自己的成就凝成星光，永远照耀着这片土地，影响着一代又一代的人。

一颗编号为 18550 的小行星是国家天文台位于河北省兴隆县的观测基地于 1997 年 1 月 9 日发现的。这一天正是茅以升先生的诞辰日。为了纪念茅以升为我国桥梁工程建设和科技、教育、科普事业做出的杰出贡献，国家天文台向国际小行星中心申请将其永久命名为"茅以升星"。

○ 李佩

李佩（1917—2017），女，江苏镇江人，祖居城西万家巷著名语言学家，中国早期回国专家，"两弹一星"元勋郭永怀先生的夫人，被誉为"中科院最美的玫瑰""中关村的明灯""年轻的老年人""中国应用语言学之母"，曾长期担任中国科学技术大学和中国科学院大学的英语教授。

在李佩先生狭小的客厅里，那个腿都有些歪的灰色布沙发，60 年间，接待过不同年代各色大人物。钱学森、钱三强、周培源、白春礼、朱清时、饶毅、施一公等都曾是那个沙发的客人，但是有时人来得多了，甭管多大的官儿，都得坐小马扎。

她 70 多岁学电脑，近 80 岁还在给博士生上课。晚年的她用 10 多年，开设了 600 多场比央视"百家讲坛"还早、规格还高的"中关村大讲坛"讲座。没人数得清中科院的老科学家中有多少是她的学生。甚至在学术圈里，给她带东西，只用提"中关村的李佩先生"，她就能收到了。她的"邮差"之多，级别之高，令人惊叹。

在钱学森的追悼会上，有一条专门铺设的院士通道，裹着长长的白围巾的李佩被"理所当然""舍我其谁"地请在这条道上，有人评价这个只有几十斤重的瘦小老太太"比院士还院士"。"生活就是一种永恒的沉重的努力"，李佩先生为人师表、爱岗敬业、无私奉献，培养了一大批优秀人才，许多知名院士和学者都曾是她的学生，她为外语教学和研究做出了卓越的贡献。李佩先生创办了"应用语言学"专业研究生师资班，为该学科在国内正式建立做出了开拓性工作；率领同事们创建了非英语专业博士研究生学位英语培训班，为中国科学院各研究所开办了高研英语进修班、出国人员英语培训班等多层次外语培训，为我国语言学界做出了巨大的贡献。

2018年年初，中国科技大学和中国科学院紫金山天文台联合向国际天文学联合会提议：将2007年10月9日由紫金山天文台盱眙观测站近地天体望远镜发现的两颗小行星，以郭永怀夫妇的姓名命名。2018年7月，国际小行星中心正式向国际社会发布公告，编号为212796号的小行星被永久命名为"郭永怀星"，编号为212797号的小行星被永久命名为"李佩星"。

更有意思的是，这两颗小行星于2007年被首次观测到时是被拍摄在同一张照片里的，是同时被发现的，而且它们的正式编号是相邻的，这在天文观测中非常少见。

◇ 钟灵毓秀　星采俊驰

○ 葛洪——行医实践，雨泽千秋

葛洪（283—363），字稚川，自号抱朴子，丹阳郡句容（今句容）人，东晋道教理论家、著名炼丹家和医药学家，世称小仙翁。所著《抱朴子》继承和发展了东汉以来的炼丹法术，对之后道教炼丹术的发展具有很大影响，为研究中国炼丹史

及古代化学史提供了宝贵的史料。

葛洪一生的主要活动是从事炼丹和医学，既是一位儒道合一的宗教理论家，又是一位从事炼丹和医疗活动的医学家。葛洪敢于疑古，反对贵古贱今，强调创新，认为古书虽多，未必尽善，并在实际的行医、炼丹活动中，坚持贯彻重视实验的思想，这对于他在医学上的贡献是十分重要的。葛洪阅读了大量医书，并注重分析与研究，在行医实践中，总结治疗心得并搜集民间医疗经验，以此为基础完成了百卷著作《玉函方》。由于卷帙浩繁，难以携带检索，他便将其中有关临床常见疾病、急病及其治疗等摘要简编而成《肘后备急方》三卷，便于医者携带，以应临床急救检索之需，故该书堪称中医史上第一部临床急救手册。他对以前的神仙思想进行了总结；他发现了汞的氧化还原反应；他还是第一个将狂犬的脑子敷在狂犬病人伤口上来医治狂犬病人的人。

千年之后，我们仍然在谈论葛洪，那是因为中国深厚的中医药文化依旧滋养着我们。2015年，我国著名药学家屠呦呦凭借发现青蒿素荣获诺贝尔医学奖，成为首位获得诺奖科学类奖项的中国人。屠呦呦在获奖后接受访问时曾谈道，在研究一度陷入僵局的关键时刻，是葛洪的《肘后备急方》给了她灵感和启发。书中说"青蒿一握，以水二升渍，绞取汁，尽服之"，不同于传统中药的"水煎"法，更有利于保护青蒿中的有效成分。于是，屠呦呦改用低沸点溶剂，反复试验分离获得青蒿提取物样品，最终成功提炼出抗疟有效成分青蒿素，向世界展示了古老的东方医药智慧。

○ 吕叔湘——近代汉语的拓荒者和奠基人

吕叔湘（1904—1998），丹阳人，著名语言学家。主持编写过《现代汉语词典》。1926年毕业于东南大学外国语文系。1936年赴英国留学，先后在牛津大学人类学系、伦敦大学图书馆学科学习。

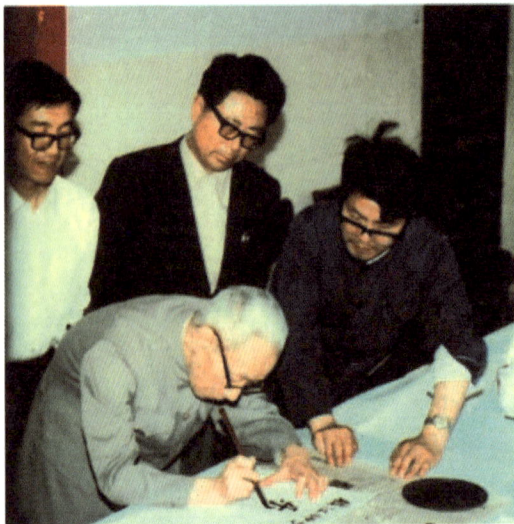

1938 年回国后任云南大学文史系副教授，后又任华西协和大学中国文化研究所研究员、金陵大学中国文化研究所研究员兼中央大学中文系教授及开明书店编辑等职。

吕叔湘是近代汉语学科的拓荒者和奠基人。早在 20 世纪 40 年代初，吕叔湘就开始以古代白话文献为资料进行历史语法的研究。在汉语语法史研究方面，吕叔湘先生提出了自己独特的看法，他认为"五四"以前的语言应该按时代分成古代汉语和近代汉语两个时期，现代汉语只是近代汉语内部的一个分期，这个大胆的提法在国内引起了很大的反响。尽管有些人不完全同意这种新的两分法，但是对于应该在古代和现代中间分出近代汉语这个阶段，以及应该以口语与书面语的分化程度作为划分的标准，则几乎没有什么异议。他对汉语史分期的新看法，贯穿着从语言发展实际出发的唯物主义观点，是对汉语史分期问题的一大突破。正是由于吕叔湘的倡导，语言学界肯定了作为汉语史分支学科的近代汉语的学科地位。其成果集中反映在 20 世纪 50 年代结集出版的《汉语语文集》和 1985 年出版的《现代汉语指代词》中。《汉语语文集》所附的引书目录中，各类白话达数百种，该书为近代汉语学科的研究奠定了相当规模的资料基础，有力地推动了该学科的建设和发展。

在吕叔湘的家乡丹阳，有一所吕叔湘中学，2003 年由丹阳市高级中学更名而来。学校以吕叔湘所题的"求真能践"为校训。

○ 于漪——人民教育家

2019 年，在中华人民共和国国家勋章和国家荣誉称号颁授仪式上，一位从镇江走出、在中学语文课堂中成长起来的人民教师，获得了"人民教育家"荣誉称号，是基础教育界唯一获此殊荣者。在此之前，党中央、国务院还授予她"改革先锋"的荣誉称号。她，就是于漪。

于漪，镇江人，1929 年生。当时中华民族正处于危难之际，年轻的于漪，辗转求学，先是以优异成绩考入江苏教育学院附属师范学校；一年后因学校调整，再考入省立淮安中学；读了一个学期，淮安中学搬迁，又考入刚刚复校的镇江中学。当年，母校镇江中学的校训"一切为民族"，成为她生命中最大的力量源泉，支撑她从一名普通的人民教师，一步步成长为人民教育家。她说："'一切为民族'这五个大字掷地铿锵，镌刻在我心中，成为我铸造师魂的基因。"

于漪最喜欢鲁迅，她曾费心了解鲁迅为青年学生开过的一张必读书单，其中包括《唐诗纪事》《全上古三代秦汉三国六朝文》等 12 种书。"这是一张很有见地很精到的书目单，教你读书要知门径，全局在胸，轻重得体，领会人物的精神风貌。这张书目单让我领会到读书与做人一样：要识大体，知先后，知人论世，知世论人。"这 12 种书她"并未一一读"，常读一读的是《世说新语》，常翻一翻的是《四库全书简明目录》。这样对中国文学、中华文化就算入"门"了。

扎实学识，使得她的每一堂语文课都像是用生命在歌唱。为了把课上好，达到化境，她把上课的每句话都写下来，先修改，背下来，再口语化，每天到学校的路上，在脑子里放一遍……她把每一节课都当成一件艺术品，去精心琢磨，吸引学生。因此，于漪在 1978 年成为上海市首批特级教师之一。

仁爱之心，使得学生在她心中，有着最重要的位置。我国语文教育界曾经长期弥漫着"工具论"这一论调，一直持续到"文革"结束。1979 年，敏锐的于漪先声夺人，发表《既教文，又教人》一文，大胆提出语文教育要有思想内容与表达形式辩证统一的整体观念。

她广泛深入学习研究国内外有关母语方面的文献后提出，各民族的语言都不仅是一国的符号体系，而且是该民族认识世界、阐释世界的意义体系和价值体系。语言兼有自然代码和文化代码的性质，工具性和人文性是一个统一体的两个侧面。学生是教育之本。于漪曾说："我的学生不一定是最优秀的，但他们都是家庭的宝贝、国家的宝贝，我当教师，要把他们当宝贝一样来教育。不求他们能显赫，但一定要成为社会的好公民，服务国家，服务人民。"

做了一辈子教师的于漪，一辈子行走在努力修炼、锻造学识与人格的路上。她反复说："一辈子学做教师，不是虚的，我是真的。"

◇ 不期而遇　千古流芳

○ 苏颂——珪璋粹美，文学纯深

家居镇江多年的苏颂（1020—1101），不仅是一位天文学家、天文机械制造家和药物学家，也是一位清廉正直的高级官员。他从23岁出仕到退休，从来都是一身正气，两袖清风。他廉洁从政，时时事事真心诚意为民谋利，而且他与镇江也有着深厚的感情。

苏家以诗礼传家，苏颂的知识和品德首先得益于家教。他的祖父苏仲昌曾任复州太守、左屯卫将军、太子少师等职，对后代影响巨大。父母对苏颂更是精心培养。其父苏绅既是朝廷重臣，也是文学名士，以博学名重一时，一刻也不放松对苏颂的教育，每到一地任官，都要为苏颂延聘教师，并让其叔父及名人子弟与其共读。苏绅曾抄写《中庸》一篇，令苏颂熟读，苏颂到致仕还乡时，还将此篇保存。

苏颂虽贵为宰相，但"奉养如寒士"，甚至常用裁下的碎纸写字。其长孙苏象先回忆说："祖父平生节俭，

尤爱惜楮墨，未尝妄费寸纸。每剪碎纸为签头，稍大者抄故事，令子孙辈写录。常云此陶侃竹头木屑之意。"苏颂尽管早年入仕，但总是把自己放在与平民同等的地位。他完全靠自己的供俸收入来赡养一家数十口人，曾说："予久参近署，俸赐甚厚，然族大家虚，赡给常苦不足，故每饭不过一肉。"曾肇为他写的墓志铭中说：他"家贫，担石不充，无愠色"。他的住宅简陋，与一般百姓一致，以至于下属都说他的"府第"与宰相身份"极不相称"。

元丰二年（1079），苏轼以"乌台诗案"入狱，押在"知杂南庑"。此间，苏颂亦遭谗，被羁押于"三院东阁"。两人虽仅一墙之隔，却"不得通音息"。苏颂遂写下四首诗，表示"以为异日相遇，一噱之资耳"。其中最后一首末句云："他日得归江海去，相期来访蒜山东。"苏颂期望，两人在退隐田园之后，能够相会于京口民间。诗句以蒜山代喻镇江，表示他退休以后将归隐。

苏颂勤于政事，为官清廉，当时的社会名流就给予了很高评价。《宋史·苏颂传》和宋人叶梦得的《石林燕语》等史籍文献多处记载了苏颂因政绩卓著而获得的赞颂：以清廉正直闻名的高官杜衍就对苏颂十分器重，对他说："如君，真所谓不可得而亲疏者。"北宋名相富弼也常称苏颂为"古君子"。苏颂廉政的思想和事迹，不仅体现了中国古代廉政思想的精华，也是他留给镇江人民的宝贵财富。苏颂在京口为父守丧的几年中，有了更多深入民间的机会，对民生问题有了更多了解。他在京口筑屋，新居落成，"照壁用楮糊，大书家语周庙三缄背铭之文，深戒子孙以慎言，亦此意也"。（《丞相魏公谭训》）曾肇在《赠司空苏公墓志铭》中也说他"筑第京口，仅蔽风雨"。他了解民间疾苦，产生了与民众苦乐与共的情怀，对京口有着深厚的情感。后来苏颂辞官隐居镇江，时年已70余岁，他不顾年高，与韩公廉共同撰写《新仪象法要》，把水运仪象台的研制成果用文字详细记录下来，传于后世，成为我国最早最系统的一套机械设计纸图。

苏颂安葬在镇江五州山东北阜。曾肇《赠司空苏公墓志铭》记载，苏颂葬丹徒县义里乡乐安亭。欧阳修高度评价苏颂："才可适时，识能虑远。

珪璋粹美，是为邦国之珍；文学纯深，当备朝廷之用。"苏颂，是镇江文化长卷上的重要一笔。

○ 苏轼——既是凡尘仙，也是天上人

苏轼（1037—1101），字子瞻，号东坡居士，世称苏东坡、苏仙。值得镇江人民骄傲的是，在苏轼66年的一生中，曾16次到过镇江，为镇江人民留下诗97首、词17首、文牍108篇，累计222篇。三山、南山和蒜山留下过他的足迹，镇江城至今流传着他的传说和趣闻逸事。尽管苏轼并未任职润州，但是地处长江与大运河交汇之处的润州，却是苏轼南下任职、北返汴京的必经之地。

作为一个诗人，润州的山山水水、风物人情足以激发他的诗情。在他的笔下，润州的金山、焦山、北固山、招隐寺、鹤林寺、中泠泉、藏春坞、蒜山、五州山，无一不焕发出瑰丽神秀的光彩。其中他与孙巨源在北固山相会时所作的《采桑子》词更是脍炙人口："多情多感仍多病，多景楼中，尊酒相逢。乐事回头一笑空。　停杯且听琵琶语，细捻轻拢，醉脸春融。斜照江天一抹红。"同时，他在润州有一批情谊笃厚的师友，这当中有德高望重的前辈刁景纯，有同朝高官王存、苏颂，有意趣相投的艺术家米芾，有佛门禅师圆通、佛印、纶长老，还有与他有亲戚关系的著名书法家柳子玉。苏轼与柳子玉祖孙三代有长达30年的交往，留下了数十首诗词。政治上失意的苏轼，同他们频繁交往，得到了精神上的慰藉。

北宋熙宁四年（1071）农历十一月初三，苏轼在前往杭州任通判的途中，第一次来到润州，也第一次游览金山、焦山和北固山，就写下了《游

金山寺》《自金山放船至焦山》《甘露寺》三首诗。焦山目前保存完好
的乾隆御碑上书的《游焦山歌》，即以《自金山放船至焦山》一诗为叠韵。
熙宁七年（1074），苏轼到润州来了一次深度游。他奉命到常州、润州
赈灾，正月来到润州，四月离开，前后三个多月，这是他在润州停留最
长的一次，也是他与当时世居镇江的文人名流交往最多、最频繁的一次。

苏轼最后一次来到镇江是在北宋建中靖国元年（1101），他在金山
寺看到著名画家李公麟为自己所画的一幅画像。画像上的他神采飞扬、
朝气蓬勃，而如今，他步履蹒跚、老态龙钟，两相对照，苏轼不禁悲上
心头，感慨万千。他提笔在画像上题了一首六言诗："心似已灰之木，
身如不系之舟。问汝平生功业，黄州惠州儋州。"

寥寥四句，概括了自己颠沛流离的一生。这一年的七月，苏轼病逝
于常州。这首诗既可以说是他最简要的自传，又可以说是他生命的绝笔。
仿佛在无意之间，苏轼把自己的智慧、生命融入了金山，融入了金山寺。
这首题画诗，与金山寺精心保存的他的玉带一样，成为穿越千年时空的
文化传奇。

○ 米芾——清风灏气，超逸入神

米芾（1051—1107），字元章，
北宋著名书法家、画家。书画诗文
皆有成就，著有《画史》《书史》
《宝晋英光集》等，其《画史》《书
史》举其所藏晋以来书画名迹，鉴
别真伪，考订谬误，评论优劣，标
出特点，以及装裱、收藏和有关轶
事等。他借鉴了王维的水墨渲淡之
法与董源的一部分"烟景"和点子
皴技法，并根据他对镇江山水的感
受，创"落茄皴"（又称米点皴），
以水墨挥洒点染表现烟雨掩映的云

山树木。其长子米友仁继承家学，亦"点滴烟云，草草而成，而不失天真"，形成了一种源于自然、高于自然的创作范式。

米芾在丹徒生活达 40 年之久，故而得以对以镇江为代表的江南风光、云山烟树"饱游饫看"，"据景物之会，穷心目之趣"，方能"缘物畅神，迁想妙得"，镇江山水正是他创作的源泉。清代镇江籍书画家笪重光评价，"董巨峰峦，多属金陵一带；倪黄树石，得之吴越诸方。米家墨法，出润州城南；郭氏图形，在太行山右……从来笔墨之探奇，必系山川之写照"，深刻揭示出镇江给予了米芾创作大量灵感和"江山之助"。米芾对镇江是有特殊感情的，他非常喜爱这里的山光水色，其在《净名斋记》一文中写道："带江万里，十郡百邑，缭山为城，临水为隍者，惟我丹徒。重楼参差，巧若图邡。地灵极倪，而云霞出没；星辰挂腹，而天光不夜。高三景，小万有者，惟吾甘露。东北极海野，西南朝数山者，谓之多景……"在镇江市南郊鹤林寺附近的黄鹤山北麓，有米芾墓，但为其衣冠冢。焦山碑林中有一块镌着"城市山林"四字的横额石刻，书体超妙入神。

为纪念这位与丹徒有着历史渊源的艺术巨匠，镇江市在丹徒新城十里长山文化园西北侧建设了米芾书法公园。公园以弘扬米芾书法艺术为核心价值，以人文关怀为主旨，以山水文化为媒介，集展示、创作、交流、研习、培训和休闲等功能于一体。

○ 宗泽——经文纬武，一代忠骨

宗泽（1060—1128），字汝霖，谥号忠简，婺州义乌人，南宋抗金名将，于1120年被贬至镇江。现如今镇江为纪念宗泽，在京岘山北麓建有一座宗泽纪念公园，内有宗泽墓。

"会倅登日，尝穷治奸人，有司观望，坐此褫秩，羁置镇江府四年，就起为酒官。"这是京岘山宗泽墓上的墓志铭，寥寥数语，道出了宗泽与镇江的渊源：宗泽被关押于镇江，后遇大赦担任镇江监酒，逝世后又被葬回镇江京岘山。

宗泽被贬至镇江，可谓其仕宦生涯的最低点。1122年，其妻陈氏撒手西归，据《宗忠简集》记载，"公娶陈氏至是疾卒卜，葬京岘山之阳，就居丹徒经郊"。60多岁的宗泽挥泪写下《葬妻京岘山结庐龙目湖上》："一对龙湖青眼开，乾坤倚剑独徘徊。白云是处堪埋骨，京岘山头梦未回。"除了对亡妻的悼念追思，字里行间却也能读出他对国家的担忧，尽管遭此不幸，宗泽仍心念国家。

2012年12月，以宗泽墓为本体的镇江宗泽纪念公园建成，为传承发扬宗泽爱国精神提供了物质载体。如镇江山水汉居汉文化研习社每年都会举行宗泽祭祀大典，身穿汉服的市民们"复制"

古代公祭大礼，演习射艺，射以观德，修文习武，纪念这位抗金名将。

○ 辛弃疾——文武双全，气吞山河

辛弃疾（1140—1207），山东济南人。辛弃疾出生时山东已为金兵所占，他21岁时参加抗金义军，不久归南宋，先后在湖北、江西、湖南、福建、浙东等地任职安抚使。任职期间，他采取积极措施，召集流亡，训练军队，奖励耕战，打击贪污豪强，坚决主张抗金。但他所提出的抗金建议均未被采纳，自己还遭到主和派的打击压制，曾长期闲居江西上饶、铅山一带。

其实辛弃疾与镇江有很深的渊源。归宋之初，辛弃疾寓居镇江，娶了爱国官吏范邦彦之女为妻。辛弃疾与妻兄范如山十分投合，范如山的儿子范炎后来又娶了辛弃疾的女儿为妻。两代姻缘，两家人关系非同寻常。因此辛弃疾早年曾经多次到过镇江，并结识了一些志同道合的镇江友人。

当时的镇江是南宋与金对垒的第二道防线，就任镇江知府后，辛弃疾很振奋，想借此实现多年的抗金夙愿。据记载，辛弃疾在知府任上，曾提出详细而有远见的抗金北伐备战计划，同时做了大量细致的准备工作，厉兵秣马，积极进行备战。他一边派遣谍报人员渗透到敌人后方，侦察敌方的兵马屯戍、仓库位置及将帅姓名等军事情报，一边派人分头在江淮一带加紧招募了一万多名有较强作战能力的士兵，又赶制了一万套军服，并加紧训练兵士。他经常亲往沿江一带观测地形，做好据守与进攻的具体部署。

此时，韩侂胄急于为自己捞取政治资本，急着要立即北伐。辛弃疾认为，准备不充分就轻率举兵必将导致失败。但韩侂胄一意孤行，不听辛弃疾劝阻。双方观点分歧，矛盾日益激化。饱经宦海浮沉的辛弃疾预感到时局艰危，忧郁袭上心头。一天，他登上北固山，俯视滚滚东去的长江，心潮起伏，满怀忧国悲愤写下了两首著名的词作：《永遇乐·京口北固亭怀古》《南乡子·登京口北固亭有怀》。

　　辛弃疾在镇江知府任上仅短短一年，并未真正得到韩侂胄的重用，很快便被韩侂胄以荐举不当为由，由镇江改派隆兴府（今江西南昌），然而还没有上任，又被弹劾，知隆兴府的任命也被撤销了，只留下一个提举冲佑观的虚衔。辛弃疾在镇江的一切设想、安排，连同他的理想和希望都付诸东流了。他在接到免去镇江知府令时，写了一阕《瑞鹧鸪》，其中下阕云："随缘道理应须会，过分功名莫强求。先自一身愁不了，那堪愁上更添愁。"以此表达了内心的愁苦和不甘。

　　1205 年 7 月，北伐壮志再次落空的辛弃疾，怀着满腔悲愤郁郁离开了镇江，回到江西铅山。1206 年，韩侂胄仓促北伐，很快大败。1207 年秋，辛弃疾大呼数声"杀贼"，忧愤而终，享年 68 岁。诗人早已离去，但他的爱国情怀却永远闪耀在词中，激励后人。

第三节
丹阳北固是吴关　万卷诗书道不完

　　"真山真水"是镇江的第一名片，亦是镇江诗性品质的客观依存，铸就了镇江"诗城"的人文景观。

　　江河交汇的地域自然与人文底蕴，产生场景与艺术之间的共鸣，令温润的城市人文与空灵的诗性自然融合，颇有韵味的"诗景"与之呼应。家国情怀、羁旅愁思、怀古伤今，无数文人骚客正是在不断修身中提升、完善自己，直到止于至善的境界。

　　据不完全统计，在中小学语文教材中有明确地理信息的古诗文中，"镇江"及其相关符号出现得最多。下面我们按照诗词在语文课本中出现的先后顺序，带领大家一起"游览"诗词里的镇江。

　　○ 芙蓉楼送辛渐

寒雨连江夜入吴，平明送客楚山孤。

洛阳亲友如相问，一片冰心在玉壶。

（王昌龄）

《芙蓉楼送辛渐》是唐诗佳作，"一片冰心在玉壶"更是千古名句。它和镇江有什么关系呢？原来，《芙蓉楼送辛渐》所述送别地在镇江。这组诗大约作于天宝元年（742）。第一首写的是第二天早晨作者在江边送别辛渐的情景；第二首写的是第一天晚上作者在芙蓉楼为辛渐饯别的情景。全诗即景生情，寓情于景，含蓄蕴藉，韵味无穷。

诗作写于王昌龄自岭南贬所返回京城后出任江宁丞的任上。此时的诗人仍未摆脱贬谪心态，幽怨低沉。朋友辛渐恰好来到江宁，不免勾起了他的一怀愁绪。他似乎更愤激起来，他想告诉辛渐及所有亲友，纵然诽谤诋毁之语甚嚣尘上，但自己光明磊落，胸襟坦荡。所以，当他在凄恻冷清、连绵不绝的秋雨中，送别自己的好友辛渐时，吟出"洛阳亲友如相问，一片冰心在玉壶"这掷地有声、传诵千古的诗句。

从文学史的角度看，以"玉壶冰"来比喻人高洁的品格，有着悠久的文学传统。最早见于鲍照的诗："直如朱丝绳，清如玉壶冰。"（《代白头吟》）初盛唐的诗人，也好以玉壶冰来比君子之高格。像"初唐四杰"之一的骆宾王在送别李峤的诗中就写道："寒更承夜永，凉夕向秋澄。离心何以赠，自有玉壶冰。"（《别李峤得"胜"字》）王维也以"清如玉壶冰"为题作过诗，陶翰等人有《冰壶赋》，开元宰相姚崇还作过《冰壶诫》。此外，"玉壶冰心"亦有另一种解读。文学作品往往不只是创作者心意的自表，更是借以观照自身的一面"镜子"。李白有诗："何当脱屣谢时去，壶中别有日月天。"壶中日月象征着道家人的另一种精神境界。在道教大盛的唐朝，诗人的作品中往往浸淫着道家思想，这种"壶"往往反过来形容天地之间。全诗前两句中突出了"寒雨连江""楚山孤"两幅场景，屹立在江天之中的孤山，与冰心置于玉壶中的形象形成对照："孤独楚山"是诗人的心，而"寒雨连江"是"玉壶""冰"的人间寓意。

或许，"一片冰心在玉壶"并非诗人心意的自表，而是诗人看到眼前离别的江天景色后，对自己的心境有了更为深刻的认识，借诗言志。

○ 泊船瓜洲

京口瓜洲一水间，钟山只隔数重山。
春风又绿江南岸，明月何时照我还？

（王安石）

这首诗是语文教材中的重要篇目，"京口"一词明确表示镇江的"在场"，"春风又绿江南岸"的"绿"字是经过精心筛选的，极富表现力，描绘了京口江岸美丽的春色，寄托了诗人浩荡的情思。

王安石是颇有魄力的政治改革家，坚信"天变不足畏，祖宗不足法，人言不足恤"。熙宁元年（1068），王安石应召入朝，风帆正满，意气风发。当时，他对习惯势力的强大、变革的困难并无体会，在《商鞅》一诗中写道："今人未可非商鞅，商鞅能令政必行。"面对众人汹汹然的指责，他写道："众人纷纷何足竟， 是非吾喜非吾病。"（《众人》）此时的王安石踌躇满志，信心十足。后来，王安石在政治浪潮中被罢免，熙宁八年（1075）被重新起用，这一年春天，刚好是"春风又绿江南岸"的季节，由江宁赶赴汴京时王安石创作了这首诗。诗中"春风""明月"均是一语双关，既是指自然景物，又是指宋神宗。"春风又绿江南岸"指神宗又任用他为宰相，其中的"又"字，含而不露，耐人寻味，说明当时诗人的心情异常沉重复杂：一方面希望继续实行变法，对宋神宗重新起用他感到高兴；另一方面，经过几年的变法实践，他已明白独力难支，在朝廷中"群疑并兴，众怨总至"的情况下，新法不可能推行。他估计自己重任宰相只是暂时的，不久皇帝又会将他贬回江宁，因此发出"明月何时照我还"的感慨。

○ 己亥杂诗

九州生气恃风雷，万马齐喑究可哀。
我劝天公重抖擞，不拘一格降人才。

（龚自珍）

龚自珍生活的时代是一个风雨飘摇的时代，正是这样的时代，产生了这位近代史上的启蒙思想家。他意识到封建的闭关锁国政策行不通了，帝国主义的侵略更加暴露出封建主义衰朽没落的本质。他以其才华，起而议政"医国"，宣传变革，终因"动触时忌"，他于道光十九年己亥（1839）辞官南归，在途中写下315首《己亥杂诗》，该诗为第125首。

诗句中虽未出现明显的"镇江元素"，但诗人的写作背景确与镇江有关。作者诗末附有自注："过镇江，见赛玉皇及风神、雷神者，祷词万数。道士乞撰青词。"诗人在途经镇江时，有感而发，作此诗。这首诗以祈祷天神的口吻，呼唤着风雷般的变革，以打破清王朝束缚思想、扼杀人才造成的死气沉沉的局面，表达了作者解放人才、变革社会、振兴国家的愿望。

尤其是"我劝天公重抖擞，不拘一格降人才"两句，表现了诗人渴望砸烂黑暗统治，出现一个崭新世界的愿望。诗人是借"道士乞撰青词"之机，用民间迷信活动来为自己所要表达的思想感情服务。"不拘一格"，充分表现了诗人开阔的胸怀、远大的目光，具有战略性的设想。当时的清政府腐朽无能，国家内忧外患，特别是帝国主义侵略者虎视眈眈，奴役中华民族、灭亡我国之心不死，瓜分风潮迫在眉睫，要拯救暴风中的中国这艘大船，没有各方面的大批人才是无济于事的，所以诗人劝天公重新振作精神，不拘一格而降大批人才，共挽既倒的狂澜、将倾的大厦。"劝"字，颇具积极意义，是奉劝，而不是乞求，表现了诗人处于居高临下的地位，也显示出诗人变革的信心。

○ 次北固山下

> 客路青山外，行舟绿水前。
> 潮平两岸阔，风正一帆悬。
> 海日生残夜，江春入旧年。
> 乡书何处达？归雁洛阳边。

（王　湾）

　　《次北固山下》是唐诗名作，被收录于多本唐诗选本中，可见在当时就有较高的接受度。此诗以准确精练的语言描写了冬末春初时作者在北固山下停泊时所见到的青山绿水、潮平岸阔等壮丽之景，抒发了作者深深的思乡之情。全诗用笔自然，写景鲜明，情感真切，情景交融，风格壮美，极富韵致，历来广为传诵。

　　这首诗通篇皆为佳句，音调和谐优美，用意深厚，因而流传千古。首联以对偶句发端，既有陆路，又有水路，工丽跳脱，暗示作者舟车劳顿，与尾联"乡书""归雁"遥相照应，为最后一联所表达的淡淡思乡之情做下铺垫。其中"客路"，指作者要去的路，"青山"则正好点题"北固山"，"客路"与"行舟"相对，"青山"与"绿水"相称，运用了白描的手法，给读者展现了一幅乘舟驶向绿水、青山的画面。颔联"浓淡相生，种种合律"，妙处在于"以小景传大景之神"：其中的"潮平两岸阔"，"阔"字丰富了"潮平"二字的内涵，潮水涨涌，与两岸齐平，两岸也因此显得更宽阔；"一帆悬"则说明了船帆高悬于空中，船是顺风航行，"若使斜风，则帆欹侧不过似悬矣"，这一小景把平野广阔的大景表现了出来。上一句为下一句做铺垫，诗歌的意境恢宏阔大。

　　第三联"海日生残夜，江春入旧年"对仗极其工稳，蕴含着丰富的哲理。黎明时分，一轮红日缓缓越过海平面，旧的一年尚未远去，江上却已经显露早春的气象。这一联不仅描绘了昼夜交替的景象，同时还描绘了冬春交替、时序变迁的景象。作者着眼于炼意，用"日"和"春"象征新生的美好事物，将它们提到主语的位置，并且用"生"字、"入"字进一步强调，使之拟人化，将日出的画面描绘得生动形象，凸显了春天迫不及待闯入旧年之意，使诗歌充满了蓬勃向上、积极进取的精神。此联，作者之意并不在说明事理，然而却有一种自然的理趣蕴藏在景物变化和节令的交替之中。尾联"乡书""归雁"等词，以北飞的鸿雁突出表现诗人浓浓的思乡之情，笼罩着一层羁旅漂泊的淡淡愁绪。

　　《次北固山下》整首诗语言委婉蕴藉，通过一系列的意象，营造出开阔壮美的意境，把抒情、写景融为一体，同时表现出盛唐气象，鼓舞人们积极进取、乐观向上，堪称妙绝千古的名篇。

○ 永遇乐·京口北固亭怀古

　　千古江山，英雄无觅，孙仲谋处。舞榭歌台，风流总被，雨打风吹去。斜阳草树，寻常巷陌，人道寄奴曾住。想当年，金戈铁马，气吞万里如虎。

　　元嘉草草，封狼居胥，赢得仓皇北顾。四十三年，望中犹记，烽火扬州路。可堪回首，佛狸祠下，一片神鸦社鼓。凭谁问，廉颇老矣，尚能饭否？

（辛弃疾）

　　辛弃疾与镇江有着不解之缘。镇江是古代南北交通的重要枢纽，辛弃疾多次往还，经过京口。而他生命中最后一次辉煌的振起，也是在镇江府。他一向把这里看成抗金复国大业的出发地，其个人品行也深深熔铸着镇江城市性格中勇毅的一面。

　　辛弃疾善用典。用典即"据事以类义，援古以证今"，借他人酒杯，浇自己块垒的需要。这首词作就用了诸多典故，元嘉草草、封狼居胥、仓皇北顾、廉颇老矣都是借用厚重历史表达无限思考的例子。词作开篇紧扣"怀古"展开，写京口历史上的英雄人物孙权（字仲谋），热情赞颂他不畏强敌、以弱胜强的意志，既有对这位"京口名流"的无限景仰之情，也有对"英雄无觅"的无比怅惘之思，还有对明君圣主的深切祈盼之心。

　　接着作者浓墨重彩书写京口历史上另一位传奇人物——南朝宋武帝刘裕（寄奴是其小名）。辛稼轩缅怀坚定北伐的刘裕，颂扬其吞灭强敌的气势，自然有他对寄奴的敬仰与追慕之情，更多的则是表达了词人希望朝廷能采纳他的北伐主张与策略，自己也能像刘裕一样挥师北上、恢复中原的强烈愿望。这也是词人"英雄梦"具象化的艺术表达。

　　下阕换头的"元嘉草草"三句，是对上一典故"刘裕北伐"的自然衔接与延伸。这样便由对英雄豪杰的追慕，自然过渡到写仓促用兵导致失败的教训。对比之意明显，昭示之思显豁。此典议古论今，表明了词人既主张积极北伐，又反对轻率冒进的正确思想。这个寓议于叙的典故反映了爱国词人政治上、军事上的远见卓识，后来的史实完全证明了作者的预见。

词人最后用廉颇暮年还期望被重用的故事作结，与开头"英雄无觅"的慨叹相呼应。这样首尾圆合，振起全篇。词人以问语作结，典议一体，言此及彼，含蓄蕴藉，意味深长，促人深思。不尽之意见于言外，具有震撼人心的艺术魅力。

统观整首词，不论写景、叙事，还是抒情、议论，除了"四十三年，望中犹记，烽火扬州路"三句追忆往事外，其余全在隶事用典中展开。就这首词而论，这些并非堆垛的精到用典，古今一体，针对性强，极具暗示性和启发作用，增添了词作的容量，丰富了作品的审美内涵，提高了表现力与感染力，深化了作品主题。作者通过精心组织、巧妙安排，把成串典故化为气象阔大、雄浑悲壮的意境，变为一幅幅气势磅礴、生动鲜活的历史画卷，词人把对历史的咏叹与对现实的感慨合而为一，寓议于典，典议水乳交融，浑然一体。这些勾连古今的典故，用得圆转流丽、自然妥帖，使得全词含蓄深沉、寄慨遥深。

○ 南乡子·登京口北固亭有怀

何处望神州？满眼风光北固楼。千古兴亡多少事？悠悠。不尽长江滚滚流。　　年少万兜鍪，坐断东南战未休。天下英雄谁敌手？曹刘。生子当如孙仲谋。

（辛弃疾）

此词约作于宋宁宗嘉泰四年（1204）或开禧元年（1205），当时辛弃疾在镇江知府任上。嘉泰三年（1203）六月末，辛弃疾被起用为绍兴知府兼浙东安抚使后不久，即第二年三月，被改派到镇江做知府。镇江，在历史上曾是英雄用武和建功立业之地，此时成了与金人对垒的第二道防线。每当辛弃疾登临京口北固亭时，触景生情，不胜感慨系之。这首词就是在这一背景下写成的。

此词通过对古代英雄人物的歌颂，表达了作者渴望像古代英雄人物那样金戈铁马、收复旧山河、为国效力的壮烈情怀，饱含着浓浓的爱国思想，但也流露出作者报国无门的无限感慨，蕴含着对苟且偷安、毫无振作的南宋朝廷的愤懑之情。全词写景、抒情、议论密切结合；融化古人语言入词，活用典故成语；通篇三问三答，层次分明，互相呼应；即景抒情，借古讽今；风格明快，气魄阔大，情调乐观昂扬。

"何处望神州？满眼风光北固楼。"为描写镇江的千古名句。稼轩为何有此开篇一问，原来此时南宋与金以淮河分界，辛弃疾站在长江之滨的北固楼上，翘首遥望江北金兵占领区，大有风景不再、山河变色之感。其弦外之音是中原已非我有了。于是站在北固楼上，词人不禁兴起了千古兴亡之感，自然引出下文。开篇这突如其来的呵天一问，直可惊天地、泣鬼神。

这首词感怆雄壮，意境高远，与稼轩同时期所作另一首登北固亭词《永遇乐·京口北固亭怀古》相比，同是怀古伤今，一风格明快，一沉郁顿挫，写法大异其趣，而都不失为千古绝唱，亦可见辛弃疾丰富多彩之大手笔也。

○ 答谢中书书

山川之美，古来共谈。高峰入云，清流见底。两岸石壁，五色交辉。青林翠竹，四时俱备。晓雾将歇，猿鸟乱鸣；夕日欲颓，沉鳞竞跃。实是欲界之仙都。自康乐以来，未复有能与其奇者。

（陶弘景）

陶弘景，字通明，自号华阳隐居，南朝齐、梁时期的道教思想家、医药学家、炼丹家、文学家。丹阳秣陵（今江苏南京）人。陶弘景出身于南朝士族，10岁读《神仙传》，15岁作《寻山志》，使他产生了隐遁清修、静心养生的志向。20岁时他被齐高帝引为诸王侍读，后拜左卫殿中将军。永明十年（492），辞去朝廷食禄，隐居句曲山（今句容茅山），开道教茅山宗。梁武帝即位后，多次派使者礼聘，他坚不出山。朝廷每有大事，常往咨询，当时人称为"山中宰相"。他整理《神农本草经》，增收魏晋间名医所用的新药，编成《本草经集注》7卷，共记载有药物700余种。

　　《答谢中书书》是作者寄给谢中书谈山水之美的一封信笺。全文结构巧妙，语言精奇。短短68字，即已集江南之美于一身，切切实实地道出了山川之自然美，反映了作者娱情山水的清高思想。南北朝时期各种矛盾非常尖锐，政局极度动荡，因此不少文人往往遁迹山林，旨图从自然美中去寻求精神上的慰藉和解脱，因而他们常在书信中描述山水来表明自己之所好，并作为对友人的问候和安慰。这类作品虽然没有表现出多么积极进步的政治观点，但是却以其高超的艺术笔触创作了具有相当高的美学价值的文学精品，至今仍然具有重要的鉴赏意义。

.

　　从宜邑、朱方始，历史的车轮缓缓走过魏、晋、汉、唐，行至明、清，而古城镇江也在漫长的历史中见证了永嘉南渡、运河贯通、建炎南渡，其间大批中原汉族迁徙到南方，推动中国政治经济文化中心向东、向南迁徙转移。在中国政治经济文化中心南移过程中，镇江凭借优越的地理位置和山水人文，不仅孕育了许多军事将才，而且吸引了许多文化贤哲侨寓于此，从而推进了镇江文化在六朝时的勃兴和唐宋时的隆盛，泽被后世，历久弥新。

　　"艰难温峤东征地，慷慨虞公北拒时。衣带一江今涸尽，祠堂诸将竟何之。众宾同洒神州泪，尊酒重哦夜泊诗。霜鬓当风忘却冷，危栏烟柳夕阳迟。"这首《登采石矶》是张之洞在"甲午战败"后的追问与喟叹，抒发了他在艰难时局之中充满正气、慷慨激昂的不屈应对，同时他也在努力思考和探索中国的出路与未来。在其后的岁月里，三江师范学堂跟随中国教育界不断地在黑暗中探索大学建设的真谛。

第一节

精神互通　校地共融

江苏大学既是镇江这座城市山林的一部分,也是她重要的文化地标,更是国家农机高等教育的缩影。"敦厚勇毅、大爱融合、务实求新"的镇江精神与"自强厚德、实干求真"的江大精神高度契合并形成校地共融共荣的良好格局。

◇ 勇毅的镇江与江大

镇江与江大的相遇,是必然的,因为他们自强勇毅。

1901 年,清政府与西方列强签订了丧权辱国的《辛丑条约》,全国上下笼罩在悲愤的气氛中,越来越多的人被民族危机惊醒,急求救国救民之法。刘坤一是晚清重臣,早年思想保守,对洋务运动也颇有微词,但在国家存亡之际,他开始努力拓宽眼界,重新思考,逐渐由一名守旧的封疆大吏转变成晚清政坛的改革者和变法者。1901 年 5 月,刘坤一会同张之洞连续三次上疏朝廷,陈述救国之法,建言朝廷以兴学为首务(这就是轰动一时的"江楚三折"),促成了对中国教育影响深远的三江师范学堂的开办。

落后的制度终究湮灭在历史的尘埃中,但是爱国与奋斗的精神传承不断。遵循"以农业为基础,以工业为主导"的国民经济总方针,国家筹建南京农业机械学院,1960 年确定南京农业机械学院落地镇江,后改为镇江农业机械学院,发展按下了"快进键"。从镇江农业机械学院到江苏工学院,再到江苏理工大学,直到 2001 年合并组建江苏大学,她一直都在肩负"强农兴农使命"中阔步前进,一路高歌。

值得思考的是,为什么校址会选在镇江?或许是冥冥之中的机缘。无论怎样,镇江无疑是十分合适的,因为镇江和江大一样,起步艰难,写下英雄本色。

镇江是一座创业之城。东汉末年，孙权在此固守江东，励精图治；南朝宋、齐、梁三国帝王都在此披荆斩棘，开创霸业。镇江人民亦敦厚勇毅，精忠报国。特殊的地理位置，意味着她不可能安静地坐落在江边。清人顾祖禹在《读史方舆纪要》中这样描写镇江："府内控江湖，北据淮、泗，山川形胜，自昔用武处也。杜佑云：'京口因山为垒，缘江为境，建业之有京口，犹洛阳之有孟津。自孙吴以来，东南有事，必以京口为襟要，京口之防或疏，建业之危立至。六朝时以京口为台城门户，锁钥不可不重也。'"故而镇江是"兵家必争之地"，历经千年战火考验，自古就有刘裕横扫千军的赫赫功勋、宗泽临终三呼渡河的赤诚、梁红玉金山击鼓战金兵的巾帼英姿，这也孕养了镇江人骁勇善战、刚毅不屈的英雄气概与顽强精神。近代以来，随着封建制度的没落，列强入侵，古老的民族在血泪和烽火中战栗，但镇江子弟没有屈服，誓死抵抗。1842 年 7 月，在抗击英军的"镇江之战"中，军民同心、奋勇抵抗，熔铸了镇江人坚毅顽强、敢于牺牲的英勇品质与顽强精神。

遥想刘坤一、张之洞创办三江师范学堂时，民族危机深重，他们怀揣救国之心，力图通过兴办教育的方式开启民智，燃起科学之火。若前人有知，看到三江师范学堂在镇江这块热土开花结果，枝繁叶茂，定然会无比欣慰。

这段历史已经过去，我们在新时代安居乐业，为中国梦贡献自己的力量。如今的江苏大学绿树成荫，繁花似锦，书声琅琅，欣欣向荣。每一个江大人都会记住，落后就要挨打，唯有自强才能有尊严和自由。每一个江大人都不会忘记，那些为民族大义而牺牲的英雄，用血肉之躯铸就了新的长城。

江苏大学，诞生于民族危亡之际，长于新中国建设发展时期，必将兴于中华民族伟大复兴的新时代。

◇ 务实的镇江与江大

在镇江焦山山门的照壁上，有"海不扬波"四个大字，作者是明代书法家胡瓒宗。"海不扬波",最早出自《尚书》,用来比喻天下太平无事,后来也被用来指低调潜行、埋头实干、扎实肯干。或许就是这么巧,这一摩崖石刻映照着镇江精神务实的一面。

古来润州,人杰地灵。葛洪、祖冲之、沈括、米芾……他们身上,凝聚和闪耀着共同的光辉特征——务实求新。务实是基础,创新是灵魂,若不务实,无论多么有创见的想法都难以付诸实践;若不创新,无论怎样埋头苦干也不会有根本的进步。

在这些历史名人的熏陶下,务实求新已经成为镇江的城市精神和镇江人的工作准则。江苏大学特聘教授赵亚夫就是新时代践行务实求新的典型代表。赵亚夫是农业技术专家,50年来,他以帮助百姓脱贫致富为己任,20余次出国学习先进技术,每年坚持免费为农民指导上课百余场,解决他们在种植中遇到的问题,撰写实用论著数百万字,为农民提供技术指导。他积极推广种植了180万亩次的草莓、葡萄、桃、梨、果桑等应时果品,给农民带来20余亿元的收益,并把成功的模式推向全国,为省内外农民脱贫致富做出了巨大的贡献。他也因此获得了"全国道德模范""江苏省劳动模范""全国农村科普工作先进个人""全国扶贫先进人物"等殊荣。2021年2月,赵亚夫被授予"全国脱贫攻坚楷模"的荣誉称号。

站在这样的土地上,受到这样的文化熏陶,有如此多的先贤提灯引航,"博学、求是、明德"的校训早已深深融入江苏大学的血液和骨髓中,一代代江大人勤勉务实,追求真知,不断创造一个个新的辉煌。40年来,江苏大学共获得国家级奖10余项、省部级奖百余项。特别值得一提的是,2020年11月习近平总书记视察的亚洲最大泵站枢纽——江都水利枢纽,其中第四抽水站采用的正是由江大流体中心国家级科研团队自主设计的优秀水力模型。2020年初,新冠疫情暴发,医学院张文教授团队迅速开展联合攻关,进行2019-nCoV溯源研究;材料学院乔冠军教授团队研发出具有我国自主知识产权的红外传感器全套核心技术,在抗击新冠疫情战役中的不同环节提供江大智慧,贡献江大力量。

◇　温情的镇江与江大

　　镇江是一座有温度的城市。中国民间四大爱情故事中有三个都与镇江有着密切的关系，即"牛郎织女""白蛇传""梁山伯与祝英台"。"牛郎织女"的故事有一说发生在丹阳，至今丹阳延陵仍保留着董郎村、董永庙、望仙桥等纪念胜迹，文人墨客也留下了无数歌咏鹊桥相会的诗篇；"白蛇传"中白素贞与法海斗法"水漫金山"的故事发生在金山寺，闻名遐迩；"梁山伯与祝英台"中男女主人公殉情化蝶的凄美爱情故事最早的蓝本是南朝乐府民歌《华山畿》，华山畿的故事就发生于镇江新区姚桥镇华山村，讲的是男子因相思成疾而病死，女子为之殉情合葬的故事。这些千百年来依然感人至深的爱情故事，至今仍是镇江人民热衷讨论并为之感动叹息的话题，对镇江这座城市的精神哺育自然是潜移默化和深远持久的。爱情、亲友情、师生情，乃至陌生人之间的关爱之情，在镇江都是至真至诚、代代相传的。镇江是一座大爱之城！

　　镇江救生会是世界上最早的专业生命救助机构。康熙四十二年（1703），蒋元鼐、朱永载等15人在西津渡观音阁成立"京口救生会"慈善机构，旨在救人性命，帮助死者安排后事。救生会的义举在当时产生了极大影响，不仅百姓拥护支持，沿江官府也积极参与其中。丹徒县令冯咏把救生作为头等大事，经常在大风天气亲自乘坐救助红船巡江，成为街头巷尾的美谈。救生会是我国现代救生事业的起源，更是镇江人敬畏生命、尊重生命，体现大爱精神的最好例证。

　　江苏大学在此大爱之地实乃幸事。也许正是在这样一个有温度的城市，江大的校园每天都是温暖的。我们与清晨打扫校园卫生的阿姨未曾谋面，但是旭日东升之时，阳光照耀的一定是一个干净整洁的校园和一张张充满朝气的笑脸。在雨天，我们与路上奔跑的同学素不相识，但也会主动和他们分享一把伞，为他们遮风挡雨。那些在校园里曾经发生并会继续发生的感人故事我们都还记得。计算机系的学生陈静和丁玉兰是一对非常要好的伙伴，丁玉兰不幸患上了白血病，因家庭贫困无力支付高额的医疗费用，陈静带领同学走上街头为她募捐。然而更加不幸的是，陈静自己也患了同样的疾病。她的故事感动了无数镇江市民，全城很快即掀起了拯救爱心天使的"黄丝带"行动。后来，导演曲江涛据此真实故事拍摄了电影《小城大爱》，让大爱精神传播得更远。基建处的退休教工邵仲义，一生孤居，生活简朴，直至临终前都是租用单位的公房。他生前资助了 200 多名贫困学生，去世时又捐出近 60 万元存款，并捐献了遗体。这样的感人故事还有很多，并且一直都在发生，感染和温暖着每一个江大人。

◇　**我们的镇江与江大**

我们在天涯海角与镇江千百次擦肩，终于在江大有了一次完美的相遇。

无论你仙乡何处，有没有问出那句"客从何处来"，你与镇江一定见过。或是在窗明几净的教室，跟随老师大声朗读"京口瓜洲一水间"；或是在明媚的午后，躺在沙发上津津有味地看着水漫金山的故事；或是在安逸的生活中，看到厨房中恒顺香醋的金字招牌。不知道你乘坐高铁北上南下的时候，可曾注意经过了镇江站；不知道你的快递包裹辗转千里到你手里的时候，是否发现也曾路过了这块土地；不知道你有没有发现你的朋友中也有镇江人，你也听过镇江话。要说与这片土地没有一点瓜葛，那是不可能的。你听过这片土地上的传说，享用过这片土地上的美食，读过这片土地上可歌可泣的故事，那你与这片土地就割舍不开了。如果你没有，但你的朋友、你的同学、你的爱人与镇江有过擦肩，那你与镇江也算结下了不解之缘，从此你的身上也会萦绕着一丝属于这片土地的温暖与厚重。

但是，你一定比想象的更爱镇江。水漫金山时你恨不得帮白娘子一把；甘露寺招亲时你想为二位新人吹喜庆的唢呐；侵略者要打破这片土地的宁静时，你也想奋不顾身地镇守炮台。你在心里无数次向往北固楼的无限风光，梦里你也曾在京口停泊。你可能一直向往这片土地。你想在镇江的大街小巷走走看看，在镇江的名胜古迹中感受千年文化。

终于，我们在江大相遇了。也许我不知道你是谁，但是我们在同一个地方求学，我们去过同样的餐厅，吃过同样的饭菜，走过同样的幽径，闻过同样的花香，奔跑在同样的操场，追求过同一个目标，有过同一个梦想。你走得快，我追寻着你的足迹，也留下了光芒四射的背影；你走得慢，我就回过头来拉你一把，带你仰望星空，让星光照耀赶路的我们。

从踏入江苏大学的那一刻，你就融进了她的骨血，成为这棵参天大树的繁茂枝叶，我们有了同一个名字——江大人。在江大的日子很长，长到我们从懵懂走向成熟，从期待走向怀念，长到我们见证了食堂的旧貌换新颜、小绿皮升级大白菜，见证了图书馆的窈窕小道、玉带河清澈细流变美的点点滴滴，长到我们熟悉了江苏大学的一草一木，一光一影，长到我们以为在江大求学的脚步永远不会停止，在江大美好的生活永远不会结束。

久了你就会发现，你在镇江看到的风景和人文，在江大都有集中展示，江大的性格与精神，又与镇江无比契合。

江大是镇江的缩影，而镇江亦是一所大学。

所以，你身处江大，一定会比其他人更懂镇江。

或许，你早已把"回镇江"默认为"回江大"。

第二节
寻根江大，以示后学

江苏大学赓续 1902 年成立的三江师范学堂学脉，119 年来弦歌不辍，书声琅琅。历经南京大学、南京工学院、镇江农业机械学院、江苏工学院、江苏理工大学的继承和发展，江苏大学在镇江谱写了中国高等教育发展的壮丽篇章。

在民族危难之际，刘坤一、张之洞等开明人士积极应对，以"中体西用"为宗旨，创办了三江师范学堂。可以说，这所学校的发展从建立之初就与国家和民族的命运紧密相连。1958 年，党中央提出了"以农业为基础、以工业为主导"的国民经济总方针，于是农业机械化、支持工业化成为举国上下最迫切的愿望。根据毛主席"农业的根本出路在于机械化"的著名论断，南京工学院农业机械和汽车拖拉机两个专业合并成立南京农业机械学院，翌年迁址镇江并改名为镇江农业机械学院，迈出了建设"万人大学"的第一步。后来，吉林工业大学、南京农学院等专业师资、设备一并迁至镇江农业机械学院，为后来的农业机械专业发展奠定了扎实的基础。1978 年，学校被国务院确定为全国 88 所重点大学之一，是全国首批具有博士、硕士、学士学位授予权的高校；1982 年及 1994 年学校先后更名为江苏工学院和江苏理工大学；1998 年学校由隶属国家机械工业部转制为"中央与地方共建，以地方管理为主"的高校，为学校高等教育的学科建设、人才培养、科学研究提供了大力支持和有益补充，新的发展之路前景广阔。

◇ 发展教育 振兴农业

镇江农业机械学院成立的初衷，便是服务国家经济建设，带着农业机械化和"万人大学"的梦想一路走来。当时的师资力量来自原南京工学院、吉林工业大学、南京农业机械学院等。拨开历史的云烟，我们看到，从三江师范学堂一路走来，学校肩负新的使命走进新时代，开启了"发展教育，振兴农业"历史征程。1994 年 5 月 21 日，时任国务院总理李鹏在镇江视察期间，听取了江苏理工大学校长高宗英教授关于学校工作的情况汇报。回京后，李鹏总理欣然提笔，为学校写下"发展教育，振兴农业"的题词，体现了党中央、国务院对教育和农业发展的高度重视，以及对学校长期坚持发展农机事业、培养农机人才的肯定。

○ 见证我国农业机械高等教育的发展

1949 年前，我国农业机械高等教育规模很小，招生人数也不多，只有少数几所大学，如南京中央大学、金陵大学等设有农业工程系。1952 年，全国高等学校进行院系调整，南京农学院等大部分农业院校设立了农业机械化系，还成立了北京农业机械化学院。1955 年又成立了长春汽车拖拉机学院，即吉林工业大学的前身。与此同时，南京工学院等高等工科院校开始设立农业机械设计制造、汽车拖拉机设计制造等专业。1958年，各地先后成立了一批以农机类专业为重点的工学院，如安徽工学院、洛阳农机学院、内蒙古工学院、武汉工学院等，南京农学院农业机械化系扩建为南京农学院农业机械化分院。

1960年，为适应农业机械事业发展的需要，经国家计委、教育部和农业机械部批准，以南京工学院的农机、汽车拖拉机两个专业的师资和设备为基础，筹建南京农业机械学院，同年开始招生。1961年，南京农业机械学院校址迁至镇江，改名为镇江农业机械学院；1963年，吉林工业大学的排灌机械专业和排灌机械研究室迁入镇江农业机械学院；1970年，南京农学院农业机械化分院与镇江农业机械学院合并。随着学校规模的不断扩大，科系、专业逐步增加，学校向多学科方向发展。1982年，经机械工业部批准，镇江农业机械学院改名为江苏工学院；1994年，学校又更名为江苏理工大学。2001年，学校与溯源于1934年的镇江医学院和创办于1958年的镇江师范专科学校合并，成立江苏大学。

当时归属农业机械部领导的院校有7所，即安徽工学院、吉林工业大学、洛阳农机学院、内蒙古工学院、北京农业机械化学院、武汉工学院和镇江农业机械学院。地方所属农机院校4所。另外，还有40余所农业院校内设有农业机械方面的专业。部属7所院校是综合性工科高等学校，其任务是培养实现我国农业现代化所需要的从事农业机械科学研究、设计制造、运用管理等方面的高级工程技术人才。部属高等院校有29个专业、15个研究室（所）；教师3405人，其中讲师以上教师2012人；在校学生达12000人，其中研究生127人，他们中的大多数现已成为我国农机院校、农机科研机构、农机工业生产单位和各级农机管理部门的技术业务骨干。

为了使农机高等教育培养出德智体全面发展的又红又专的高级技术人才，以适应我国四个现代化建设的要求，农业机械部召开了高等教育工作会议，总结经验，制订调整方针与规划，并应日本京都大学、三重大学等校的正式邀请组织了农机高等教育访日代表团。1981年1月13

日至 2 月 2 日，我随代表团对日本进行了为期 20 天的友好访问。在日本期间，我们先后访问了京都大学、三重大学、东京大学、东京工业大学、东京电机大学、筑波大学等 6 所大学，其中以京都大学和三重大学为考察重点。此外，我们还参观了日本农业机械化研究所和一些工厂。通过访问与交流，我们对日本农机高等教育有了进一步的了解；对如何办好我国农机高等教育有所感悟；同时，还获得了一些资料，对我们进行教学、科研和学校管理很有借鉴作用。因此，针对我国农机高等教育中存在的问题，我们参照日本的有益经验提出了几点初步意见：调整合并原有分工过细、过窄而又重复的专业；加强基础知识学习，主要培养和训练学生的能力；大量开展科学研究工作；重视图书馆、实验室和电子计算机中心建设；把思想政治工作放在首位，培养德智体全面发展的人才。

（口述：高良润　撰稿：任建波）

○ 我校内燃机学科的发展

我校内燃机（动力机械及工程）学科的历史可以追溯到镇江农机学院成立前的1958年。当时，南京工学院为了适应国家汽车工业的发展设立了汽车专业，后来归并至镇江农机学院时改为汽车拖拉机专业，学习内容与培养方向为汽车、拖拉机底盘与发动机三者并重。为了加快人才培养，南京工学院将部分农机专业三年级和机械设计专业二年级学生转入汽车拖拉机专业学习。

镇江农机学院成立后，考虑到全国内燃机大行业归口于农业机械部，便着手独立成立内燃机专业并加以重点建设。为了解决师资力量，分别从南京航空航天大学（当时是南京航空专科学校）、天津大学、清华大学和中国科学院动力研究室引进了一批专业教师和应届毕业生。特别是吉林工业大学以戴桂蕊教授为代表的排灌机械专业与研究室迁来镇江后，又为我校内燃机学科增加了一股教学和科研力量。戴教授来镇江后，任镇江农机学院副院长和排灌机械研究室主任，并兼任动力机械工程系主任，因而当时镇江农机学院内燃机学科有两个专业，即内燃机和排灌机械专业。"文革"后为避免专业人才培养的重复和减轻学生负担，排灌机械专业改为流体机械专业，其中的内燃机师资划归内燃机教研室，流体机械专业则不再开设内燃机课程。1979年下半年，我与李德桃等相继赴奥地利和罗马尼亚等国进修。1981年，我作为新中国成立后我国第一个内燃机学科的科学技术博士回国，成为当时学校内燃机学科的带头人之一。

在教材建设方面，学科建设初期多采用从苏联翻译过来的教材。1978年，一机部在天津召开高等学校对口专业座谈会以后，我校内燃机学科即成为全国内燃机教材编审委员会副主任委员单位，后改称专业指导委员会。按照专业指导委员会的统一部署，我校承担了《内燃机构造》（主编：谭正三）的编写任务，其他主要专业课程则采用全国统编教材。随着专业改革的深入，从1999年起，内燃机专业课程合并为"内燃机学"，我作为主要负责人之一参加了教材编写工作，《内燃机学》于2002年获全国普通高等学校优秀教材二等奖。

科研方面，我校内燃机学科的科研主要集中在中小功率车用和农用柴油机方面。我校参与研发了面广量大的 195 柴油机，以及玉林柴油机厂和柳州水轮机厂的 6105 车用柴油机。除了进行燃烧室、燃料供给系统与整机匹配等研究外，我校还参与了"中小功率内燃机产品CAD"研究，该项课题获机械工业部科技进步一等奖和国家科技进步三等奖。在内燃机节能、排放要求不断严格，内燃机用途日益广泛的今天，我校内燃机学科的研究领域也不断扩展，现在主要的研究方向是车用发动机新能源与节能研究、发动机排放与污染物控制技术、新型内燃机设计、动力机械振动与噪声控制、动力机械测试技术与设备。

国家学位制建立后，我校内燃机学科于 1981 年获得国家首批硕士学位授予权。1984 年经国家教委和国务院学位委员会评议组会议审议通过，我被特批为教授、博士生导师，我校内燃机学科同时获得博士学位授予权。1998 年内燃机学科设立博士后流动站，2003 年被批准为一级学科博士学位授权单位。目前，动力机械及工程（内燃机）学科为江苏省重点学科，热能与动力工程（动力机械工程及自动化）专业为江苏省品牌专业，内燃机实验室、汽车发动机排放实验室与车辆实验室构成的江苏大学车辆产品实验室，于 2003 年通过中国实验室国家认可委员会的认可和中国质量论证中心（CQC）认证，成为中国质量论证中心（CQC）和中国汽车认证中心（CAPP）的委托检测实验室。另外，江苏省中小功率内燃机工程研究中心、江苏省生物柴油动力机械应用工程中心、江苏省动力机械与清洁能源应用重点实验室也设在我校内燃机科系中。

经过数十年的努力，我校内燃机学科的规模与水平已在全国内燃机行业和学术界取得了较高的地位，为我国内燃机事业的发展做出了较大贡献。

（口述：高宗英　撰稿：任建波）

○ 勇于科技创新的老校长——记戴桂蕊教授

戴桂蕊教授生前系原镇江农业机械学院副院长，是我国著名的农业机械专家、内燃机专家、排灌机械事业的创始人，是我校国家重点学科——

流体机械及工程学科的奠基人。

戴桂蕊教授 1910 年 3 月 12 日生于湖南省双峰县青树坪相思桥。1928 年，他以优异成绩进入湖南大学电机系学习。1933 年赴英国考察公路并进入伦敦英国皇家学院学习航空机械。1936 年学成回国，回国后即任湖南大学教授。1940 年在任中国煤气车营运公司主任工程师期间，所设计的普用煤气车备受各界赞许。为解决发动机活塞环依赖进口、供不应求的矛盾，他与同仁共同试验活塞环制造工艺，获得成功后即创办"正圆涨圈制造厂"。该厂后来从贵阳迁往长沙，新中国成立后在党和政府的关怀下，从一个小厂发展成拥有 2000 余人规模的"长沙正圆动力配件厂"，成为我国内燃机重点配件厂之一。

1944 年，戴桂蕊教授在任中国农业机械公司技术处处长期间曾选拔一些优秀青年到美国学习农业机械，为我国农机化事业的发展培养了一批骨干。这些学生中有 29 名先后学成回国，成为我国农机化事业的元勋，

多人当选为中国工程院院士。1947 年，戴教授受聘担任联合国救济总署湖南邵阳乡村工业示范处总工程师，主持所属 10 个工厂的技术和科研工作。1948 年复任湖南大学教授兼中国农业机械公司顾问。1949 年新中国成立后历任湖南大学工学院院长、华中工学院内燃机教研室主任、吉林工业大学科研处处长等职。

从 1956 年开始，为减少现有排灌机械多次能量转换的损耗、提高机组效率，戴桂蕊教授重点研究内燃水泵理论，于 1958 年设计样机并试制成功。该泵省去了传统排灌机组中的活塞、连杆、曲轴等运动件，由煤气在水管中直接爆炸提水，实现了热能到水位能的一次能量转换提水的目的。在全国农业机械展览会上该泵获特等奖，刘少奇主席、周恩来总理等中央领导亲临现场进行参观。《人民日报》于 1958 年 5 月 22 日以"排灌机械的大革命"为题进行了报道，并发表了长篇访问《访戴桂蕊教授》。此后，苏联、罗马尼亚、波兰、印度等国先后派员参观并来函索取资料。

20 世纪 50 年代，根据当时的特殊情况，急需解决农业旱涝保收的问题。鉴于此，戴桂蕊教授进行了全国排灌机械生产和使用情况的调查，并依此向国家科委提交了专题调查报告。报告从我国农业生产需要出发，指出了发展排灌机械事业的紧迫性，并建议成立排灌机械研究机构，开办农田水力机械专业以培训专门人才。他的建议受到了党和政府的重视，时任国家科委主任的聂荣臻元帅亲自做了批示，责成农业机械部办理。1962 年，经国家科委批准，在农业机械部所属吉林工业大学内建立了排灌机械研究室，试办了农田水力机械专业。

1963 年，吉林工业大学排灌机械研究室和农田水力机械专业南迁镇江农业机械学院，戴教授任副院长并兼任排灌机械研究室主任和动力系主任。在排灌机械研究室内，戴教授主持了 3 个研究方向：一是内燃水泵的理论研究和结构设计；二是中低速内燃机的研究设计；三是动力水泵的研究。这 3 个研究方向都是针对当时农业机械发展的需要而提出的。为了完成任务，戴教授经常带病工作，有时睡到半夜突然想出一个新结构，立即起床伏案画草图，并请保姆找来技术负责人，交代第二天要画出正式工作图交工厂试制。由于当时物资紧张，买不到好的橡胶和牛皮，为了解决内燃水泵进气阀门漏气的问题，他就拿自己的皮鞋充当原材料。

戴桂蕊教授毕生致力于教育、科研事业，后半生为我国排灌机械事业的发展呕心沥血，做出了重大贡献。他高度的责任感和强烈的事业心为中青年科技教育工作者树立了光辉的榜样。他待人和气、平易近人，十分关心青年的学习、工作和生活，是青年的良师益友。

戴桂蕊教授积劳成疾，患有高血压、支气管炎等多种疾病，但他仍抱病工作，废寝忘食，经常深夜研究设计方案。为保证科研工作的质量和进度，他还不辞辛苦，亲自深入工厂和农村。

戴桂蕊教授的遗著达 39 种之多，在我国航空界、汽车界、内燃机界，特别是农机界具有广泛而深远的影响，他所创建的我校流体机械及工程学科和流体机械工程中心一直处于国内先进行列。

（关功伟）

◇ 妙手仁心 守正创新

镇江医学院的前身是 1951 年创办的南京医士学校，是当时江苏省内最好的培养医疗卫生人才的学校，教学质量和教学设施均是省内公认的一流水平。20 世纪 50 年代学校曾接待朝鲜访问团医学教育分团访问，成为中外交流史上的重要一笔。几经辗转，1958 年 7 月 3 日，镇江医学专科学校成立，后一度停办。直到 20 世纪 80 年代，坐落于吴楚之地的镇江医学院的发展才步入正轨，大批的医学卫生人才从这里出发，为建设更好的社会飞向更远的地方。

○ 创业维艰
——忆创建、提升镇江医学院和医学检验专业的艰辛历程

三十几年前，镇江医学院是一所复办不久的地区卫校，行政上归镇江地委和江苏省卫生厅双重领导。学校规模小、条件差、师资弱、经费少，甚至连基本的教学设施都不齐备，在中专卫校中办学条件属于中等偏下。

面对这种局面，全校师生在党委的领导下，坚持正确的办学方向，狠抓师资队伍建设，狠抓教学质量，团结一心，艰苦奋斗，采用"借船出海""引凤进巢""借鸡生蛋"等办法，积极创造条件，改变面貌，实现跨越发展。

　　第一，明确学校的发展方向，确定近期和远期发展目标。当时学校面临两个发展方向的选择：一是继续把学校办成现有卫校还是争取升格为专科乃至提升发展为本科；二是增设什么专业。学校确定了先办成医专，再创造条件发展提升为医学院的发展方向。方向一经明确，校党委及时引导各部门、各教研室分阶段确定目标，按目标找差距并制定出赶超的具体措施和办法。学校主动向教育和卫生两个管理部门要任务、争项目，"借船出海"，先后争取到"全国高等医学专科教育座谈会""全国高等医学院校暑期高师班工作会议""全国医用物理高师班""生物化学高师班""援桑医疗队外语培训班""省市县卫生厅局长进修班"等任务。全校师生员工群策群力、辛勤劳动、热心服务，出色地完成了任务，得到中央、省、市有关领导部门和兄弟院校的好评，扩大了学校的影响力。同时，办学经费也得到了补充，设备得到了增添，师资力量得到了提高。在专业问题上，当时有一些不同意见和看法。有提议增设中医的，有主张增开药学的，有提出开设临床检验的。经过全院上下的广泛讨论，最终认为，学校系省属学校，省内招生、省内分配，规模不能过大，专业设置也应从省内实际出发。当时，临床检验专业培养大专以上高级检验师，在国内医学教育史上还是空白，省内尚无一所院校设有该专业，国内也只有卫校设有检验（中专）专业，培养中级化验员。科技的发展和社会的需求迫切需要高级临床检验人才。学校有办中专检验的历史和经验，现有医学专业的许多课程设置与检验专业课程要求大部分是接近的，可以互补。经过需求与可能、当前与长远、利与弊的多方反复论证和比较，大家认为增设临床检验专业非常合适。于是，以医学为基础、检验为特色的办院方向得到了确立。专业方向一经确立，学校就组织教务处和检验专业 8 个相关教研室的主任一行 10 人，北到张家口、北京、天津，南到福建、浙江等地，到曾经设有中专检验和相近专业的兄弟院校调研、取经。回来后，拟订出学校临床三年制专科教学计划。1980 年秋季，学

校招收了第一届三年制大专临床检验班。

第二，把抓好师资队伍建设作为办好学校的要务。学校创办初期只有 83 名教师，其中 3 名讲师，其余都是一般教员，本科及以上学历的仅 39 人。面对如此薄弱的师资力量，学校打破常规，采取了一系列措施：一是礼贤下士，广招人才，在全国范围内"引凤进巢"，大力引进骨干教师。所谓"骨干教师"，就是政治条件较好、身体健康、具有大学本科以上学历、有讲师以上中高级职称、掌握一门以上外语、有一定科研能力和 3 年以上大专教学经验的教师。按此标准，学校通过各种渠道，在全国范围内网罗人才。只要有这样的人才信息，学校就抓住机遇，利用镇江的区位优势，登门拜访，耐心做领导部门、单位和本人的工作。学校在升格前后，先后从内蒙古医学院、吉林医科大学、北京医学院等高等院校，以及省内南京、苏州、徐州等兄弟院校引进刘恭植、陈家政等骨干教师近 40 人，这批骨干教师不仅师出名门（大多是从国内名牌学校毕业），而且都已具有中、高级职称，有较丰富的教学经验和较强的科研能力，基本达到或超过了预定的"骨干教师"标准。他们为学校的发展和升格发挥了积极的作用，尤其是刘恭植教授，对临床检验专业的发展和该专业师资队伍的建设起到了举足轻重的作用。二是请进来，派

出去，用"借鸡生蛋"的办法，提高青年教师水平。学校开办之初，通过请外校的学科带头人来校讲学、上课、办师资班的方法，让学校的青年教师跟班听课，进行"孵化"。三是送青年教师到其他高校去进修、读研究生。在创建至升格期间，学校还利用业余时间和节假日，先后举办援桑英语班、英语口语班、日语班等外语普及和提高班，使青年教师的外语水平得到普遍提高。到1984年学校升格前，全校在职专任教学人员增至160人，比1977年翻了一番；具有中、高级职称的教师72人、研究生4人，新补充大专以上学历的助教77人；教辅人员中有技师和主管技师27人。因此，师资数量有了明显增加，质量有了质的飞跃，队伍结构发生了显著变化，师资队伍建设取得了显著的成绩。每个重点教研室和专业学科教研室，都达到了教育部要求的有2名以上骨干教师的标准，这也是学校通过教育、卫生两部门升格验收的过硬指标之一。

第三，以教学为中心，不断提高教学质量。当时学校采取了各教研室确立本门课完整的教学法文件、院系两级确立定期和不定期抽查听课制度、每月一次教学质量反馈座谈会、每半年一次生产实习检查制度、不定期举行教学观摩示范性教学活动等措施。多项教学制度的建立和实施，为教学诸环节的长效管理和教学质量的不断提高提供了切实保障。

正是由于坚持正确的办学方向，牢固树立办学理念，在全校师生员工的努力奋斗下，学校在1980年升格为镇江医学专科学校。1984年6

月1日，经教育部、卫生部两部门联合验收合格，经国务院正式批准，学校又升格为镇江医学院。

（口述：汪涵 撰稿：任建波）

◇ 岁月不居 弦歌不辍

镇江师范专科学校创建于 1958 年 6 月。1961 年，常州师范专科学校、镇江地区教师进修学院与镇江师范专科学校合并，仍称镇江师范专科学校。1962 年国民经济困难时，镇江师范专科学校停止办学。1978 年1 月，在镇江地区第一师范学校的基础上筹建南京师范学院镇江分院；同年 12 月，经国务院批准，南京师范学院镇江分院正式改名为镇江师范专科学校。1997 年，镇江师范专科学校被江苏省省委组织部、宣传部、高校工委、省教委党组授予"党的建设和思想政治工作先进普通高等学校"称号。2001 年，镇江师范专科学校与江苏理工大学、镇江医学院合并组建江苏大学。在镇江师范专科学校的办学史上，涌现出一大批优秀的教师和杰出的政要。镇江师范专科学校所在地——寿丘山梦溪园也成了一代师专人的共同记忆。

○ 寿丘山的记忆

镇江城东有一座寿丘山，说它是山实在有点儿夸张，它其实只是一个方圆 50 来亩、高 20 米的大土墩。就这么个土墩，古往今来却是非常有名的地方。据宋《嘉定镇江志》记载，这里曾是南朝宋武帝刘裕的京口故宅之地，刘寄奴曾"金戈铁马，气吞万里如虎"，其故居似乎应该有点帝王之气。从唐宋到明代，寿丘山一度成为一处香烟缭绕、梵呗不绝的佛门庄严宝地。明嘉靖元年，寺庙迁至城东的焦石山，原址则建成规制齐全的儒学，成了镇江最著名的孔门圣殿，因此寿丘山一度又称县学山。此后 400 余年，这里书声琅琅、弦歌绕梁，一直是万千学子求学的圣地。20 世纪 30 年代，寿丘山上办起了江苏省立镇江民众教育馆，此后的 80 年间，山坡上的学校历经江苏省立镇江师范学校、镇江地区第一师范学校、南京师范学院镇江分院、镇江师范专科学校，直至现在的江苏大学梦溪校区。

1977 年全国恢复高考，我们 62 名学生作为南京师范学院镇江分院的首届学生，于 1978 年 1 月报到，在寿丘山上开始了我们的大学生活。我是挑着一根小扁担，一头行李，一头小书箱，自己去报到的。说给现在的学生听，真是有隔世之感。当时学校的校舍破旧不堪，"文革"的创伤历历在目。大门口临街唯一有点漂亮的大楼却是市外贸公司的，也是"文革"中被占据土地后建造的，直至 90 年代才被学校"赎回"。宿舍在山坡下的小红楼，8 个人一间，条件十分简陋。食堂在山坡南的一个大破殿里，10 多张破败的方台子，8 个人一桌，站着吃饭。教室在山顶上，两幢苏式的老教学楼，楼南是 10 多间小平房，作为学校的图书馆。周末的娱乐活动是在教学楼前空地上放一张桌子，桌子上放一把椅子，椅子上再放一台 18 吋的电视机，几十个人围拥着，看得津津有味。学生偶尔也到校外军区礼堂看电影。

求学生活是极其艰苦的，学生的刻苦精神却是感人的。除了认真听课、与老师们探讨之外，学生们利用课余时间看书写作、收集资料、做索引卡片、练字，数学系的同学还要做习题，几乎到了废寝忘食的地步。教室里只要不熄灯总是坐着满满的学生在学习。熄灯后，到处都是被值班老师赶来赶去、偷着看书的学生。这与现在高三学生的紧张状况有得一比，不过那时是自觉的，学生们十分珍惜来之不易的求学机会。我们班有 10 多位高中老三届的学生，他们的共同之处是大多当过民办教师，他们利用课余时间收集各种教学资料做成索引卡片，真是精致漂亮。来自金坛的汤才春同学做的笔记有厚厚的几大本，后来，他成为金坛华罗庚中学首届一指的初中语文名师。那个年代学生没有打牌、搓麻将之类的兴趣，却有不少棋类爱好者。我和黄志浩同学是象棋对手，水平相当，但平时舍不得花时间下棋，总在学期结束离校前相约杀个一整天，如今黄志浩已是江南大学的教授，不知棋艺是否见长。学校没有操场，但同学们都想方设法坚持体育锻炼。每天天刚蒙蒙亮，一队队的学生就会跑出校门，从东门广场到船院校门口，我们戏称之为"跑街"。学校也有各种运动队，我就是校乒乓队成员，教练徐鲁清亦师亦兄，和我们亲如兄弟。如今，每年的江苏省高校校长杯乒乓球比赛，我也算一名主力队员，有一年还得了冠军。现在想来，学生时代打下的任何基础，对人的一生确实都很重要。

学校虽然简陋，却拥有一批师德高尚、学有专攻的教师。其中中文系有钱璱之、周仲器教授，数学系有缪铨生、吴顺堂教授，物理系有刘昌年教授，化学系有麦维馨教授，英语系有赵溥霖教授，历史系有郭孝义教授等。他们可能算不得大家，可师德在我们学生的心目中却是楷模。当时中文系教师团队的教学各有特色：钱璱之老师博学厚重；周仲器老师激情洋溢；石复生老师风趣幽默；笪远毅老师旁征博引；祝诚老师博闻强记；蒋文野老师诙谐轻松；郭孝义老师自信渊博……而今一代名师都已年迈，其中有的已经作古。当时，视学生如儿女的总支书记孙慧老师也疾病缠身。我亲爱的老师们，是我永远的老师，师恩浩荡，铭记终生。我爱他们！

我们 1977 级中文一班是一个团结友爱的大集体，学生的年龄差距近一代人：最大的 33 岁，最小的只有 17 岁，已有子女的学生有 10 多个。最有趣的是来自丹阳的孙林森同学，当年他来上大学一年级，而他的龙凤胎儿女正好上小学一年级。学校还有师生同堂上大学的。这批大龄同学抛家别子来求学，家庭经济普遍比较困难。除了学校给予一定的帮助外，同学间的互帮互助也很感人。我们班组织同学建校劳动，获得有限的一点报酬用来资助这些大年龄同学。那些年龄较小的同学没下过乡，抬土抬得脚步蹒跚，想来肩膀也一定已经红肿。寿丘山旁的 5 幢新楼的地基都是历届学生挖土平整的，其中早几届学生做出的贡献最大。

如今的江苏大学，满目都是现代化的崭新校舍，梦溪校区已成为见证办学历史的"狭小"一隅。然而，寿丘山在原师专学生的心目中，仍然是一方净土圣地，不论他们成为大学教授、企业家、政府官员还是中小学老师，总还记得那座不是山的山——寿丘山。因为，那里留下了他们青春的足迹。

（王巍一）

江大不同时期的校门演变图

第三节
百年江大　再创"一流"

　　2001 年三校合并，江苏大学以蓬勃的朝气，承载了新世纪对一所高质量、高水平大学全新的希望与畅想，也展现了一所具有百年办学历史的高校肩负全新时代使命的从容与自信。

　　20 年来，江苏大学始终坚持"发展教育，振兴农业"的发展思路，持续建设高水平、有特色、国际化的研究型大学。2019 年 9 月 5 日，习近平总书记给全国涉农高校的书记校长和专家代表回信，对涉农高校办学方向提出要求，对广大师生予以勉励和期望。他强调，"希望你们继续以立德树人为根本，以强农兴农为己任，拿出更多科技成果，培养更多知农爱农新型人才"。这是新时代涉农高校教育事业举旗定向的思想遵循，也是涉农高校的初心使命在新时期的精确概括和明确要求。学校全面领会精神要义，在习近平总书记回信一周年之际，正式发布《江苏大学"095"工程行动计划》，进一步明确"加速创建农机特色一流大学"的办学思路，学校发展再次按下了"快进键"。

　　"潮平两岸阔，风正一帆悬。"今天，站在新的历史起点，回顾历史，正是为了更好地前行。正如颜晓红校长在接受新华社媒体采访时说的那样，江苏大学有两大发展目标，一是农机特色优势更加鲜明，二是学校综合实力显著提升。

据 2021 中国大学综合实力排行榜，江苏大学在全国 772 所公办普通本科高校中，综合排第 38 位，非"双一流"大学排名第 1 位，江苏省高校排名第 4 位，创造了学校在《中国大学评价》排行榜中历史最佳排名。2021 年，科睿唯安公布了美国 ESI（Essential Science Indicators）基本科学指标数据库最新数据，学校 ESI 千分之一学科实现零的突破，工程学学科以全球排名第 144 位的成绩成功进入全球排名前 1‰，环境生态学、分子生物与遗传学 2 个学科新晋全球排名前 1%。至此，共有农业科学、化学、材料科学、临床医学、药理学与毒理学、生物学与生物化学、环境生态学、分子生物与遗传学等 8 个学科进入 ESI 全球前 1%，学校综合影响力列全球高校第 650 位、全国高校第 46 位、江苏高校第 5 位，相关学科领域在国际上已具有较高的学术影响力。截至目前，江苏大学共有 30 个专业入选国家级一流本科专业建设点，1 个专业入选省级一流本科专业建设点，这些均为学校建设高水平研究型大学奠定了扎实的基础，开拓了更加广阔的前景。

◇ 江苏大学赋

润州故郡，京口旧邑。紫气东来，群山以龙脉见削；彤云昼聚，英豪用虹目兴邦。魏晋风流，道骨凝练清逸；六朝余韵，佛音竞诵慈悲。丹徒名获，秦皇以为龙脉；南徐军战，北府曾经兵戈。仲谋断石，吴头楚尾江河汇；稼轩登楼，千古江山独擅美。校依城，百年星辰耀璀璨；文载道，千秋风骨竞淋漓。

百年江大，史脉悠长。北固作室，多感美芹登临志；梦溪小酌，若忆寄奴建宋时。看中山，赛氏携彩笔绘就；访东郊，桓王抹夕阳多情。三江师范，晚清名臣泣血；中央大学，民国群英荟萃。壬寅初建，百年风雨沧桑路；乙未呈祥，三山如画栋梁图。正所谓：古城韵，四海志，学业勤，底蕴悠。

山水江大，画境自魅。临三山，玉带近取；登三江，维扬远目。西山桃花，刘郎输其风韵；索普梅园，放翁得其旧馆。戴山遗址，先贤学问品烟霞；勤人新谷，学子诗书气自华。望京江于绿亭，指华山于东野。近焦岛，大江风貌碑林美；望南山，城市山林雕龙蕤。杯酒春风，江湖夜雨醉游人；藤蔓夏日，接天莲叶酿诗心。时维三秋，重重枫叶归悲欢；序属初冬，滔滔梨雪凝蜡象。正所谓：四季变，江山助，学府美，酝才情。

人文江大，华章充梁。北固遥临，神农百草行人道；梦溪暂歇，诗赋豪情吟才子。昔日农机，今时流体机械竞风采；曾经工院，后来车辆电气展新高。仰观吐耀，玄晋少其风华；俯察含章，诗唐半其豪迈。抒怀命笔，学子慷慨孟学士；谈笑维新，教授宏富孔夫子。正所谓：昭博学，雕求是，正明德，集翰林。

魅力江大，远路辉煌。武书连，次序远耆成天华；挑战杯，骨劲高蹈夺宝鼎。学科高翔，飘飘若栖梧之鸣凤；师生并举，潇潇若扶摇之展鹏。黄金台，昭王叹其得材；潇湘路，屈原悲其不时。雄鸡一声，九州群雄繁华逐；苍天有情，五湖明月窈窕生。百年去，沉舟侧畔一脉新；千帆过，病树前头万木春。正所谓：高眼界，大视野，起宏图，新篇章。

于是俊采新生，风流再展。一校一城，融汇江南文脉；百年千古，赋写城市画卷。赞曰：史肇晚清，体备诸科。人才风逸，壮志维多。东郊性灵，于斯为歌。

（蔡晓伟　汉语言文学 2013 级）

◇ 江苏大学咏

○ 忆江南·双调·咏江苏大学

宗泽路，学府傍江洲。三代禹山留圣迹，六朝京岘数风流。名与梦溪传。　　南泠舍，溯源寄奴丘。百秩学宫柄赵宋，千年庠序蕴鸿猷。俊彦遍七洲。

（王勇　文学院教师）

○ 江城子·赠别江苏大学毕业诸君

汝山书院屹城东，五棵松，翳黉宫。俊彦嘉朋，辐凑辏杏坛中。陶冶情操闻雅韵，增华阁，绍文宗。　　中泠泉水玉玲珑，翠微峰，送飞鸿。轻举羽翮，天际渺行踪。他日凭栏风景异，抬眼望，盼归鸿。

（王勇　文学院教师）

○ 心之所向，素履以往——我和我的江大

忽觉春风暗藏料峭意
恍然悟
春时之初，浅暖方至
春色无多，花枝自是空如许
万物苏萌，又逢阴雨
福灯迎春，亦催藤蔓披绿
晖影尽入，相映如画
候鸟群徙，绕枝唤春
春园锁景，草木有情

　　春天的江大，处处可以觅见阳光的痕迹，初放芽儿的嫩绿，娇小柔弱的身躯悄悄地探出来，那是阳光的手摩挲着，使它慵懒自由地舒展着。泥土着上了一层朦胧的金色纱衣，那是春光赠予的礼物。泥土是新的，泥土的清香也是新的，这里混合着春雨的滋养，春风的轻拂和春晖的温暖。

　　盛夏的阳光总以一种最明亮、最透彻的方式与树叶攀谈，墨绿的叶

子沉醉在这畅聊之中，通体透亮，像一片片黄金锻造的箔片，炫耀在枝头。但夏雨是个急性子，它的每次突然造访总会吓退热情搭讪的夏姑娘，钢珠般的雨点儿又凉又密，"啪啪啪——"，落地有声，不过只是轰轰烈烈的一阵子。

清清爽爽的凉意在触感上带来时序更替的音讯。秋的脚步着实近了，携带着灿烂的喜悦。经历了整整一个夏天，阳光将叶染成了和自己一样的金色，只是叶儿金得深沉，它是否带有完成理想即将离去的惆怅呢？哦，不，是我在臆想了！看那一片片金叶安然地，不乏喜悦地飞舞着落下，它们是想将阳光予以的滋养和温暖带给生它养它的根。秋日的阳光清清浅浅，只有在午后的一段时间才能真切地感受它的存在，闪亮亮的秋叶上漾着忽大忽小的光晕，那是阳光活泼跃动的身影。若有飒飒秋风掠过这天高云淡的上空，凉意瞬间席卷全身，此时感觉阳光的温暖弥足珍贵，它似乎用全部的暖意催红了枫叶，却忘记了把它的温暖分一点给我们。

银装素裹的江大，让人在唯美中感受着静谧里隐藏的浪漫。冬天让一切都明白了，阳光淡淡的、舒舒的，漫无目的地寻觅着，只为一片它熟悉的叶子。它想穿透寒流和雪雾，去问问大地是否有叶儿的消息，可大地只用静默回应它，冷冰冰的白雪甚至将它们反射回去。阳光却不甘心，尝试了一次又一次，终于惊喜地觅得那亲切的点点淡黄色。若有若无的清香氤氲在单调的空气里，就是一种生命的表达，些许芬芳给予阳光继续寻觅的动力。于是它积攒一冬的光和热，以遇见更强的自己，从而能够抵挡各种雨雪风霜，使更多的生命又开始苏醒。

而我最爱的便是三月的江大，已是一派清爽的洁净，拨开了厚重的阴霾，薄纱般的淡云，丝丝缕缕的，抻展在晴空下，极尽地炫耀着她的逶迤。娇美的玉兰，似一位温婉的女子，轻悄地，在枝头绽放着孤傲的美丽。缀满嫩芽的柳枝，弯下腰身，试探地点拨着水面，那乍暖还寒的凉意，便在层层荡开的水波间，涌动出五颜六色的光影……回首往昔，春秋暗换在京口。

感怀相遇，敬予温情

初入江大，"自强厚德，实干求真"八字便印刻在了我的心中。学校是我们心灵世界的一方净土,大学是放飞梦想、追逐梦想的神圣殿堂。莘莘学子从大学这一殿堂中展开翅膀尽情翱翔,无数个梦想从那里向世界绽放。在科研道路上一路走来,感谢导师与同门的陪伴。在巨大的学习压力下,我们也曾互诉心肠,彼此相依。于我而言,忙于开题的那段时光是最宝贵的。往返于三江楼与图书馆的日子里,似乎单调与充实并不是一对相悖的词语。图书馆里的我,习惯独享属于自己的时光。捧一本书,点一杯甜品,或者,什么也不做,就这样静静地阅览着窗外的影像,午后的时光,就会在慢慢倾斜的艳阳下,不动声色地隐去,很惬意!喜欢这样不被打扰的随心所欲。三江楼内的我,抑或我们,向老师和同学们分享着翻阅文献后的感悟,围绕着核心命题诉说着千人千种的看法。原本寂静无声的会议室里,迸发着别样的生机与活力。就在这一静一动之间,我收获了知识,收获了成长,更收获了家人般的情谊。

2020 年 9 月,按下暂停键的生活终于重启。在学府路 301 号,我们续写与江大的故事。2020 级的新生们怀着满心的期待与好奇开启了大学新征程;提前一步返校的学长学姐们做好了一切准备,迎接学弟学妹们的到来;迎新服务和开学指南为后继的新人们答疑解惑、提供帮助;领导老师们走进宿舍亲切关心新生生活,那忙碌中被汗水浸湿的后背,感动着你我。

放假前的一段日子,我们停下了一切娱乐活动,全员投入紧张有序的复习中。三山楼里的保洁阿姨经常会给我们带些果子吃,据说是她家中自己种的,没有农药,很健康。她每天都微笑着看楼道里来来往往的我们,每天把过道打扫得一尘不染。她的体贴,让我紧绷的复习生活多了很多温暖,那也是江大人给予的最真挚的温情。此时此刻,我仍能记得她笑起来的样子,还有在楼里打扫卫生的背影,感谢她在那段时间,陪伴我们一起面对未知的挑战。

或许在之后的时光里,回想起在江大度过的春夏秋冬,我们都或多或少地错过了梅园的春光、三山楼的琅琅书声、运动会的狂欢……亦收获无数霞光。无论是上楼时伫立的回眸或观望,抑或是同行时闲谈的一句关怀，举手投足间的温情都铭刻我心。原来，我们无须在意是否有逝去的目光，这便是生命的真谛。时光缓缓，我持此感怀与敬畏，感怀相遇，敬予温情。

愿少年无须彷徨，孑然勇行

在江大度过的岁月里，我们正值青春，人生必然的喧闹季节。步入有声有色的年华，理性开始拔节，情感悄然蘖变，思想的汪洋大海中激情也在掀起一次次浪潮。这时刻，所有故旧开始脱胎为新异，逐渐化蛹为蝶，放言指点世相人情，激扬挥洒少年意气，评判、责难、质询、赞咏，无不拂去种种粉饰，以及彩晕，率性而任情，那该是怎样一种动人的洒脱，那是任何煞费苦心的排练都难以企及的。

正如校歌里唱到的那样，"棵棵栋梁在这里成才，灿灿桃李在这里绽放"。世界上美丽的东西千千万万，却没有一样比年轻更为美丽；世界上珍贵的东西数也数不清，却没有一样比青春更为宝贵。我们是骄傲的江大学子！而我们若只是挥霍光阴，只是享受，不去奋斗拼搏，那我们便不算拥有青春。校园里的我们是最美丽的年轻一代，我们有着自己的梦想和激情，我们渴望拥有美丽而健康的未来，因此我们在"马不停蹄"地奔跑着。青春是公平的，赋予我们的都是一段年轻的时光，这是人生最美最奢侈的时光，我们可以放下一切，尽情地追求梦想。

这样一个时刻，我们又免不了是似非似的一种茫然。伴随着研究生生活的，是我们对未来的憧憬和希望。我们需要前进，我们需要未来，因此我们思考、行动，最终去实现自己的理想，实现自己的人生价值，实现自己心中最真、最美的东西。将青春变成人生最美好生活的出发点。"恰同学少年，风华正茂，书生意气，挥斥方遒。"生动地展示了一代伟人奋斗的青春。因此，我们才学会了成长和珍惜，我们才学会了什么是最重要的。一切的平淡都是人生的最根本，人生最重要和最美的东西就在我们身边，就在我们眼前，只是好像我们都没有太在意。青春正握在我们手中，我们不能容忍青春在手中白白流逝，我们不能在叹息声中虚度光阴。我们要在青春时节奋发，书写一卷有声有色的人生，这是莘莘学子在入学那一刻的觉悟。

不变的"三心"精神

这座我春赏梅、夏赏荷、秋观叶、冬观雪，有着许多可敬的老师与可爱的同学的校园，这个让曾经的经历与未来的梦想相聚的地方，让我怀念终生。我想，江大人的江大精神所传递的"三心"，将超越时空限制，时时刻刻引领着我们的前进方向：

一是秉持对知识的好奇心。习近平总书记曾经说过，现代人才学中有一个理论叫"蓄电池理论"，意思就是说在现代人才中，一辈子只充一次电的"干电池时代"已经过去，当代青年应该时刻保持求知欲，成为一块蓄电池，不间断地、持续地充电。正如江苏大学校歌歌词中所言："博学奠基石，求是谱华章。"广博的学识和不断探索的求知精神是我们未来能在领域中有所创新、有所建树的基石。与本科的通识教育不同，研究生阶段更需要我们多听多看多思考，不断质疑和创新，不断丰富自己的头脑，把求知变成一种生活方式，将学习内化成自觉行动，贯穿于生命的全过程，做到活到老，学到老。

二是坚持对学术的敬畏心。站在学术大门前，我们每个人都应牢固树立诚信意识，恪守学术道德。人生是万米长跑，不要只看见眼前的100米，不要只顾眼前的利益而牺牲了长远利益和个人诚信。古今中外的大家无一不是爱惜羽毛的，我们这些羽翼尚未丰满的学术入门者，更应该以朴素纯粹、充满敬畏的心去做学问，克服浮躁心态，恪守学术道德，提升科研能力，迈好第一步，以从容的勇气攀登学术高峰。

三是保持承担使命的责任心。在新冠肺炎疫情的防控阶段，钟南山、李兰娟院士临危受命，带领一线医护人员与时间赛跑，社区工作人员与党员志愿者们挂横幅、贴海报，挨家挨户确认身份信息。这样的举国同心、这样无私无畏的奉献精神，充分展现了中华儿女在危难面前的家国情怀，告诉我们什么是勇于承担使命的担当。作为新一代的青年，我们生逢其时，也重任在肩，我们怀揣着自己的梦想，扛起青年一代的责任与使命，久久为功、锐意进取；我们铭记"博学、求是、明德"的江人校训，秉持"自强厚德、实干求真"的江大精神，携手并肩、矢志奋斗，努力成为新时代奋勇前进的搏击者。

结　语

作为奋进在新时代、成长在新时代的青年学子，我们的未来拥有无限可能。不忘初心，砥砺前行，青春在奋斗中展现美丽，青春的美丽永远展现在她的奋斗拼搏之中。校徽中那艘扬帆起航、在波涛汹涌的大海中不断前行的船，正彰显我们青春一代的壮美与力量。就像雄鹰的美丽展现在搏风击雨中，展现在苍天之魂的翱翔中，正拥有青春的我们，何不以勇锐盖过怯懦，以进取压倒苟安。让我们就像雄鹰一样搏击长空，让青春之歌奏出高昂的旋律，让我们的青春发出耀眼的光芒。

如果说人生是一本书，那么大学生活便是书中最美丽的彩页；如果说人生是一台戏，那么大学生活便是戏中最精彩的一幕；如果说人生是一次从降生到死亡的长途旅行，那么拥有大学生活的我们，便可以看到最灿烂的风景。江大带给我们的不是幻想，不是梦想，而是我们伟大的理想，只要我们为之奋斗，为之拼搏，总有一天我们会满载而归。那时你会看到枫叶流丹，你会听到金菊在笑，你会闻到硕果飘香，因为你到了收获的季节。

在与江大共度的时光里，每一个人都不曾孤单。绚烂的青春，我们拥有无限可能；美好的未来，我们心向往之。不忘初心，方得始终；心之所向，素履以往；青春此行，我们不枉；未来之路，我们前行！

（李嘉昕　汉语言文学硕士 1901 班）

◇　感美景述志

○　牡丹园记

小序： 岁当庚子，江苏大学蒙河南科技大学友情馈赠名品牡丹。友于情深，事花惟谨，乃专辟牡丹园，勒石纪之。

名花佼佼，四时争妍。铁骨迎春，冬梅斗寒挺立；幽栖山林，春兰馥郁飘香；不妖不染，夏荷冰清玉洁；抱茎不屈，秋菊傲雪凌霜。品格高标，各擅胜场，昔人以王者高士誉之。

然则足令众芳宾服，独占花魁者，非牡丹其谁？姹紫嫣红逢谷雨，倾城倾国赏花回。世人争道：雍容华贵，姚黄魏紫婀娜；国色天香，豆绿赵粉妩媚。二乔青龙墨池卧，洛阳红醉酒杨妃。芍药虽好，略输茎软，更欠一缕香。

噫！一枝独秀，孰若群芳争艳；万紫千红，欢如交响钧天。乃当深植厚培，恩谢灌园之叟；赏花怀友，情传河洛弟兄。愿和风拂煦，四时寰宇常春！

（笪远毅　文学院退休教师）

注释：姚黄、魏紫、豆绿、赵粉、二乔、青龙卧墨池、洛阳红、醉酒杨妃，都是牡丹名品。

○ 江大梅园

百花沉寂之时，梅园里的梅花却已悄然苏醒，迎着漫天雪花，挺立在凛冽的寒风中。数九隆冬，地冻天寒，那向雪而放生的梅花，开得那么鲜丽。股股清香，沁人心脾。

那花白里透红，润滑透明，像琥珀，像碧玉，有冰清玉洁的雅致，有朝霞瑞雪的风韵。在同一棵梅树上，可以看到各种形态的梅花。有的含羞待放，粉红的花苞鲜嫩可爱；有的刚刚绽放，就有几只蜜蜂钻了进去；有的正当盛开，粉红柔嫩的花瓣惹人喜爱。风吹花落，你也不用担心花瓣会摔破，梅花不是娇贵的花，愈是寒冷，愈是风欺雪压，它开得愈精神、愈秀气。"宝剑锋从磨砺出，梅花香自苦寒来。"吹拂它的不是轻柔的春风，而是凛冽的寒风；滋润它的不是清凉甘甜的雨水，而是寒气逼人的冰雪；照耀它的不是灿烂的阳光，而是凌寒里的一缕残阳。她是寒意中傲人的芳香，面对如絮飘舞的白雪，她笑得更灿烂了。

梅花的色，艳丽而不妖。

梅花的香，清幽而淡雅。

梅花的神，苍古而清秀。

走进梅园，一阵清香弥漫，不由自主地想起陆放翁的《沁园春·三荣横溪阁小宴》，"粉破梅梢，绿动萱丛"，窗临流水，门对青山。竹篱茅舍，自成风景。屋子四周，朵朵梅花争先怒放，露出幽淡馨香的点点花蕊，清秀的粉脸浅笑轻颦，娇嫩含羞，淡淡约约，风情韵致，仪态万千，宛如一位清丽的佳人倚着修竹，花簪摇曳，顾盼生姿、脉脉传情，向着窗前款款伸来朗朗疏枝。

从不与百花争夺明媚的春天，也从不炫耀自己的美丽，有一副傲骨，但从不骄傲自大。只当寒冬的清晨，一股别具神韵、清逸幽雅的清香就从窗外飘来，人们才知道，梅花开了。

一年年总不争不求，清浅的溪水边，陡峭的云崖上，人家的庭院里，都有你清癯俏丽的身影。清绝超脱，飘逸出尘，那些娇贵的春花都羞于和你斗艳，迟迟不敢开放。

不畏凛冽的寒风，瘦硬的枝干朴拙遒劲、傲然挺立，只为这沉寂中添一分生气。你不屑于繁华富贵，甘愿墨守孤寒清贫，着意装点早春的单调清冷。一树梅花千首诗，冷艳高雅赢得世人讴歌颂咏。

仰望着一条条花枝，还有嫩绿的、颤颤巍巍的、精神抖擞的，在寒风乍暖时节悄悄吐露的新苞，才幡然醒悟——

花儿总会开的，世界也会变的，一切都会好起来的。

（杨旭东 汉语言文学 1801 班）

第四章

愿你历尽千帆
归来仍是少年

　　"年年岁岁花相似，岁岁年年人不同。"翻开青春的"纪念册"，哼着每个时代专属的校园歌曲，一幅幅照片、一行行文字、一段段记忆，恰是 20 世纪 70 年代、80 年代、90 年代校友的青春记忆。这些记忆早已融入他们的内心深处，随血液一起流淌，随脉搏一起跳动；偶尔的一条母校简讯、一则镇江新闻，甚至只言片语镇江的乡音都能唤起他们遥远而亲切的回忆。

　　在这些记忆中，有青春年少的踌躇满志，有挥汗赛场的酣畅淋漓，也有情愫萌动的款款深情；有的感怀师恩，有的记录同窗，有的叙说母校，有的畅想未来……曾经那些只道寻常的少年意气，如今早已成为他们记忆中最亮丽的风景。这些美好的记忆有的化作温暖，让前方的道路荆棘化玫瑰；有的化作力量，让前进的他们步伐轻盈且坚定。

　　今天，让我们跟随《让我们荡起双桨》《外婆的澎湖湾》《校园的早晨》《同桌的你》《青春修炼手册》一起重温校园经典，致敬大学生活！

第一节

恢复高考　让青春荡起双桨

◇ 忆四十年前的大学青春岁月

弹指一挥间，毕业已经 40 余年了。当我获悉参加江苏大学 82 届校友集体返校活动后，总是不由得想起当年那个胸怀丘壑又有点志忑无措的自己，第一次站在镇江农机学院（江苏大学前身）的大门前，仰视着，膜拜着⋯⋯1977 年，那一年是一代知识青年将理想"变现"的起点，而镇江农机学院，正是我们换轨生命航线、扬帆起航的港口。在这里，我们度过了最珍贵的四载青春年华；在这里，我们找到了自己的坚守与信仰，丰富了人生，昂立于时代发展潮流之上。

40 年前，我们是如此纯粹。同学们分别来自不同地区、不同行业，大部分高中毕业三四年以上。但我们都是幸运的，恢复高考的春风拂过，我们成为那 4.7% 中的一员。当我们离开田间，洗去泥泞；当我们走出厂门，脱下工服；当我们离开家乡，告别乡亲，通过自身努力踏进大学校园，那份珍惜、那份憧憬、那份自豪，只有亲身经历过的才能深刻体会。走进班级，看着年龄差距十多岁的同学，我们惺惺相惜，互尊互爱。记得最清楚的，就是我们的班长周同年，当年他是大学一年级新生，而他的孩子正读小学一年级，感慨之余又觉庆幸，毕竟，机遇已被我们牢牢掌握在手中。我们年轻、简单、青涩，却又豪情万丈。那时候，没人会说"神马都是浮云"，因为真正的新生活才刚刚开始。

40 年前，我们是如此投入。在镇江农机学院的四年时间里，"学习"是唯一的关键词。重新回到校园，畅游于知识的海洋，我们是如此迫切，如此痴迷。还记得，熄灯后在被窝里用手电筒看书，是人人都会的一招；教室、图书馆人满为患，占位子是每天的必修功课；早起锻炼晨读、饭后散步复习，是通用的二合一学习法。在镇江农机学院的校园里，每一棵树、每一张桌、每一块砖，都见证了我们的学习热情与坚持。肯学习，肯吃苦，成为我们那一届人显著的特征。而面对困难，大家也是齐心协力，携手共进。当时，由于同学之间的年龄差异、基础知识掌握程度的不同，加上有的同学学习间隔时间太长，班里出现学习成绩参差不齐的现象。作为团支部书记，我组织了一次学习交流会，由各门课程的拔尖学生现身说法，谈学习方法、学习技巧，相互交流促进，全班同学的基础知识和专业知识水平大大提升，班级平均成绩连年名列全年级前茅。至今回想起来，我还是骄傲无比！那些年，我们一起努力过！

40年前，我们是如此幸运。当时，镇江农机学院是国务院确定的全国88所重点大学之一。就是在这里，我们遇到了一批博学、敬业、德馨的专家与教授。记得授课机械制图的黄月南先生，她"黑、光、亮"的制图要求，至今深刻在我脑海，近乎苛刻的精确要求，培养了我们工科生特有的耐心、细致与严谨。教材料力学的范海荣先生，上课从来不依靠教材，而是吃透知识点，以他自己的理解，用简明、生动的语言，把知识毫无保留地传授给我们，促进我们科学理解、深入思考。他的课堂，从来都是鸦雀无声，即便挤满了慕名而来的外系学生。辅导员王华老师年龄和我们相仿，共处的四年，轻松又贴心。那时候，他常常深入班级宿舍，与我们沟通交流，做思想工作，在指导我们生活、学习的同时，帮助我们克服各种困难。从他身上，我学会了如何当一个好学生，如何当一个好学生干部，懂得了做人的道理，这对我后来不管是从事教师职业还是从政为民，都有很大启迪。

40年前，我们是如此满足。那时，一个月近20元的学生生活补助费，不算多，特别是男生吃饭开销大，一个月下来所剩无几，典型的"月光族"，但就是靠着这些补助，加上从家里带来的咸菜萝卜干，我们清贫又开心地学习。几千人的校园里，只有两栋学生宿舍楼、两栋U型教学实验楼、一栋图书馆楼和一栋行政楼，教研室大都在低矮的平房里，教学设施也不算太先进，但是我们学习热情高涨。四年时间里，我们天天穿梭于教学楼、宿舍和食堂，三点一线的生活，因为偶尔的一场露天电影、一次体育比赛而变得更为多彩。在改革开放初期，我们还第一次接触到了交谊舞，稍稍摩登了一把。小小学生宿舍，八张床位八个兄弟，中间仅有两张学习桌。那时候，没有互联网，没有游戏机，只有长夜卧谈，理想、抱负、信念，交织在拥挤而狭小的空间里，温暖着我们的友谊，激荡着我们的青春。

40年前，我们是如此奋进。恢复高考，拉开了中国改革开放的序幕，而改革开放也进一步开启了尊重知识、尊重科学的春天之门。那时，英语学习特殊又重要，恢复高考后的第一代大学生们视之为振兴国家、接轨国际的钥匙。每个学生都积极奋进，除上好教材课程外，还每天收听上海广播电台的外文广播讲座，自动配对加强口语练习，把学好英语视为己任。于我而言，英语学习也进一步拓宽了我的人生舞台。1981年，我有幸参加了为期一年的英语口语班，来自美国的斯奈德先生和我校的翁宁煌先生以全新的游戏式互动教学模式，结合英语沙龙，来提升我们的英语综合应用能力。在那里，我第一次纯粹地把英语当作一门语言而非一门课程来学习，也正是在这个培训班，我奠定了较为坚实的英语口语基础。毕业留校后，我曾担任联合国开发署在学校

举办的亚太地区农机培训班翻译和外籍专家讲学翻译，还为来自美国宾夕法尼亚大学的马克肖先生当了一年助手与翻译，一起创立农副产品加工教研室（食品与生物工程学院的前身）。也正是扎实的英语基础，让我在后来的各个岗位上，特别是在从事外事旅游工作时游刃有余。

时光如白驹过隙，40 年过去了，当年青涩的镇江农机学院学生，如今已成长为各行各业的领军人物，拥有着幸福饱满的人生。而镇江农机学院，也由过去那个偏居一隅的小院校发展为拥有 4 个校区、占地 3000多亩的综合性大学。明日风光无限好，大地回春满庭芳。相信在校训"博学、求是、明德"的指引下，江苏大学一定会更加生机蓬勃，培养出更多的人才、精英，拥有更加光明的未来。

（陈建民　农机 1977 级）

◇ 游历四十年的回忆和感悟

旅行者的经历

40 年前，感谢邓公，我们这些恢复高考后第一批通过考试进入大学的学子们完成学业、顺利毕业。大学期间，来自农村、工厂、部队的青年，以及风华正茂的应届高中毕业生，如饥似渴地汲取知识，通过自己的努力，知识的累积，改变了命运。毕业后，大家生逢其时，投入并亲眼见证了中国改革开放、面貌改变最剧烈的历史阶段。

至于我本人，入学前是一个在车轮下摸爬滚打的修理工，入校后进入学校当时国内领先的农机专业，老师们当年也曾对我寄予厚望。很惭愧没有像许多同学一样 40 年来坚守阵地，为祖国农机事业或教育事业做出巨大贡献。但自问无论到了哪里，工作生活也努力做到充实丰满，兢兢业业，无愧母校。

毕业后留校当过教师，读了研究生。离开学校后进入南汽研究所。1988 年赴美留学，学习工商业的系统及过程管理，毕业后曾长期在国外工作，世纪之交回到国内。于制造业、IT 业、航空及旅游服务业、设计制造、软硬件研发、企业管理都有涉足，曾服务于全球最大的航空企业，在全球最大的电脑企业做过中高层管理者。目前在旅游服务业，管理全球最大的酒店集团的旗下品牌之一在国内的发展。

在人生游历的不同阶段，也曾进了不少国内外的学校和课堂。但当年在母校的经历和积累，还是尤为珍贵，值得回顾，也有感悟，下面是一点分享。

疯狂的习题集

常有人问及当年在大学里花时间最多的是些什么事，现在想来，当然是泡在教室或图书馆，因为那时没有"旷课"，没有"上网打游戏"，没有舞会，没有"K歌"，更没有花前月下。但如果进一步问，在教室和图书馆里忙什么？看书，整理笔记？刚进大学前两年间，其实花时间最多的就是完成作业之后，做那些课外的"习题集"！对我们工科学生而言，樊映川的《高等数学习题集》每个人耳熟能详，每道题目必做。吉米多维奇的《高等数学习题集》也为大家所推崇。还有人在做完"吉米多维奇"后，找来《斯米尔诺夫习题集》。对工科学子来说同样重要的基础力学——理论力学、材料力学，大家也是疯狂地找各种习题集来做。清华、哈工大、同济的习题集都是热门，也有人攻"密舍尔斯基"的理论力学习题集；材料力学方面，"铁木辛柯""别辽耶夫"这些名字的习题集也依稀记得看过。

现在看来，这种"两耳不闻窗外事，一心只作习题集"的精神固然可嘉，但把大把时间花在埋头做题上似乎非常得不偿失。人的能力远非做几道题所能涵盖。如果时间能够重新来过，可能不会再这样做了。但是这种严格的训练在一定程度上也为我们打下了非常坚实的基础，有时也会得到意外的收获！

后来我到美国德克萨斯州州立大学念研究生，因为对系统的管理有兴趣，专业换成工业工程（Industrial Engineering），主要是研究解决工商业过程与系统的管理问题，与原来在国内偏重农机、汽车的机械设计有一定差别。寻找资助时，看到机械工程系需要"机械振动"课程的教学助理（TA），遂过去应聘。虽然刚去美国，口语相当差，但对其中的力学理论及解题过程实在是觉得没什么难度。给学生上课时大多是大段的数学推导，不必太多废话，所以尽管我是外国外系的学生，但也颇受任课教授的青睐，不太费力便击败了本国本系的其他应聘者，及时拿到资助，加上后来在 IE 系当上研究助理（RA），为学习生活奠定了良好的基础。从这个角度看，那些年在昏暗灯光下花在做题上的枯燥时间，似乎也并未白费……

考试高手的秘诀

提及考试，那个年代大家都是真正的高手。其实考试的分数已经很说明问题了。记得班上考高等数学、物理、力学、电学之类的基础课时，分数都在 90 分以上，如果在这个分数以下，就感到是考砸了。与现在经常听到的"60 分万岁"有天壤之别。（当然希望如今江大的同学不是如此）

当时的考试都是闭卷，必须对各种概念、各种公式烂熟于心。学校江边及后山坡上，清晨或午后，到处都是手拿书卷、喃喃自语背书的同学。自己也与同学们经常在考前互相拷问，看看是否还有概念掌握上的漏洞。老师们当时对大家也有很多帮助，无论同学们提出什么样的问题，都会耐心解答，晚自习时也会约定时间到教室与大家讨论。

尤其值得一提的是，同学中的高手们在概念的总结上各有千秋。当时计算机还是新生事物，大家都是手写课程章节总结，许多同学整洁清秀的字迹，加上简洁精练的内容概括浓缩，堪称一绝，让人印象深刻。

这种考试复习的经历，与我后来在国外学习的经历大相径庭。国外的教授基本上不会在细节上花太多功夫，上课也往往是坐在桌子上海吹一番了事。一堂课下来，黑板上没有几个字。

重要的科目一般用 Project 的结果占相当的分量。但课程考试也不会少，考试难度一样不低。尽管往往是开卷考试，但在考试时间内现学现卖是不可能的。

所以在国内养成的课程总结的良好习惯依然很有帮助。虽然当时还没有"思维导图"来帮助理清思路，但那种反复阅读，通过自己的总结理清思路，再用自己的文字表述一笔一画写下来的过程似乎就是能够"打遍天下无敌手"的应考秘诀。这一思考总结的过程其实也暗合了人们学习及记忆过程内在的逻辑。不知如今的同学们是否还愿花这番工夫得此秘诀？

农机试验与动手能力

动手能力差一直是国外教育界诟病今天中国学生的缘由之一。确实，如果一个学生只会背书做题，那是无法有效面对现实中各类千变万化的问题的。解决任何一个现实中的问题，一定包含了问题的界定、数据收集测量、数据分析原因分析、改进方案的实施推进、监控新的系统及流程等关键过程。

值得庆幸的是，作为当年农机系的学生，我们受到的训练不仅仅是看书做题，数据的采集、数据的分析处理也是当年必备的基本功。现在还记得桑老师领导下的农机实验室有各种传感器、实时数据接受及处理的设备，以及用于处理采集数据的计算机设备。我们必须自己考虑如何选择传感器，设计制造必要的装置安装到相应的终端设备上。安排生产日期，安排实验日期，协调实验所需的资源，采集到数据后，自己编计算机程序进行数据处理和分析。虽然当年我们所学仅是初步，指导老师及实验室师傅们帮我们做了大量的工作，但仅仅这些就给了同学们以清晰的概念。真实世界的问题是复杂的，远不是在纸面上解题那么单纯。

国内外后来的工作中，聊以自慰的是，动手能力不输于任何人。记得 20 世纪 90 年代初刚到 DELL、Austin 时，接手的第一个项目是一条生产线的改造，不仅机械部分的设计全部出自本人之手，并协调指挥外包团队完成制造安装，而且把线上数据采集部分的设计完成并实施，甚至连程序都是我自己用 VC 所编。正是通过这种集成的解决方式达到了项目完成及系统的高效率。第一年就能成为 Dell 期权奖励获得者的能力产生的源头，其实是否就来自长江边上那个不大的农机实验室？

面对新知识

这是一个信息爆炸的时代。在学校学习的知识实际上是有限的。学会如何快速地进入新的学科、掌握新的知识，才能在面对新问题时立于不败之地，终生受用。

当时农机系的老师们各有所长，除了有扎实深厚的数学力学功底外，对农业工程涉及的各种学科都有独到研究。不仅仅是机械的设计、材料的处理，还有雾化设备牵涉的流体力学，烘干设备牵涉的热动力学，振

动分析牵涉的结构力学、有限元方法，果蔬分拣用到的图像识别、光谱分析，减少农机部件黏附牵涉的化学分析、材料处理，甚至仿生学……不一而足。

记得自己当时考大学时还有一种观念，因为以前是个修理工，所以自己大概只能在汽车或这类机械行业与别人竞争了。现在看来实在是落伍的观念，名师们用自己在学科上的开拓为我们做出了榜样。我们学到的是不要把自己局限在任何框框之内，也不必畏惧任何新学科门类的挑战。机会往往在学科交叉之处，换一个视角可能会有独特的发现。

自己之所以后来能在各类型的行业自由通行、任意转换，自信其实来源于此。

长江边上的余晖

40 年一晃而过，往事历历在目。紧张工作之余，草草记下一些回忆和感悟，言犹未尽。

时间已经为我们这一代做了证明。我们感谢老师的辛勤培育，感谢同学们之间的深厚情谊。无论在哪里，我们不会忘记母校的一切，尤其是那在长江边上披着余晖，勤奋学习的众多学子们的身影……

衷心希望母校未来有更好的发展，学弟学妹们谱写更多更新的篇章，创造出更美妙、更豪迈的传奇。

（徐钊　农机772班）

第二节
岁月如歌　三十余年弹指间

◇ 难忘母校情

写下"江苏工学院机械工程831"的落款，我的内心颇为感慨，但可能会让许多人感到纳闷。

让我感慨的是，自从1983年进入学校，我们一个班的同学们在一起共同度过了难忘的4年，4年的学习生活是我们一生中最难以忘怀的美好时光，4年的学习生活也决定或者改变了我们的人生轨迹。自1987年毕业至今，一晃30多年，全班同学集体回母校相聚，还没有过。虽然其间有一些小规模的相聚，但毕竟有一些同学毕业之后就再也没有回过母校。母校变化大吗？她现在是什么样子呢？当年的同学现在都在哪儿呢？他们的学习生活情况又是怎么样的呢？这些都让人感慨。

可能让人纳闷的是，"江苏工学院机械工程831"与同时期或者前后的班级有什么不同吗？这个班有何特殊之处呢？这个班无非就是一个学校一个系一个专业的首届毕业生而已，难道还有什么值得大书特书的吗？作为江苏工学院机械工程系首届学生，我们这个班的学生究竟学到了什么？在30多年的工作实践和社会活动中，大家又做了什么？母校是否依然是一生中最无法忘怀的牵挂？

说来话长。我也是后来才慢慢体会到我们这个班存在的意义和存在的价值。

我的最大体会就是，唯有改革创新才是时代进步的标志。创新是一个民族进步的灵魂，创新是社会发展的动力与源泉。对一个单位而言，创新是存在与发展的动力与源泉，唯有通过改革，实现创新，才能使得一个部门或者单位充满生机与活力。这是社会发展与进步的基本规律。

我们这个班刚进校时并不叫江苏工学院机械工程831，而是叫机制833，也就是说被编排为江苏工学院机械制造工程系机械制造及自动化专业833班，简称江苏工学院机制833。为什么要叫机制833呢？因为那个时候没有机械工程系，只有机制系。那么为什么有了机制系，还要创建机械工程系呢？机械工程系和机械制造工程系有什么本质区别吗？这对于34年前的我们来说，是不懂的。在我们入学的时候，学校领导告诉我们，我们这个班属于宽口径、宽领域，学习的知识面比较宽，社会适应能力更强。

同时，我们这个班是当时机械工业部的试点，所以我们这个班的课程设置是由专家专门研究制定的，学校希望我们认真学习、把握机遇，将来更好地适应形势的要求，更好地适应社会发展的要求。

现在回过头来想一想，母校当时真可谓用心良苦。

一开始我们是机制833班，但是我们和机制831、832联系并不紧密，

上课也不和他们一起，包括一些公共课。与我们一起上公共课比较多的班级是农机831。江苏工学院的前身是镇江农机学院，农机专业是学校的王牌专业。20世纪80年代初，农机专业属于全国重点建设学科，具有博士学位授予权。把我们与农机831合在一起，配备优秀教师为我们授课，足见领导的重视，足见学校对我们的殷切期望。

在具体课程设置上，我们这个班可谓独一无二。其他班没有的，我们率先开设，走前人没有走过的路，学前人没有开设过的课程。我清楚地记得，1984年我们开始学习计算机，这方面的课程比别的班级要多得多，为此在计算机操作课程安排上，发给我们的计算机上机票比别的班级的学生要多很多。那个时候，学校的计算机也就是苹果2，数量有限，不能满足实际需求，要通过发计算机上课票进行管理。

在课程实习和其他安排上，对我们这个班也是格外关注和照顾。比如，在一年级后的实习中，我们这个班被安排去洛阳，其他班大多数到上柴。我们当时很兴奋，在洛阳分别到洛拖、洛矿、洛轴、洛铜等大企业进行实习，看、听、练、悟，亲身体验，收获满满，受益颇多，

至今仍然不能忘怀。在洛阳，我们还饱览了祖国的大好河山，龙门石窟、少林寺、关林等都留下了我们的足迹。值得一提的是，考虑到我们班级一些学生吃不惯面食，实习期间还特地多安排了大米，让我们的生活更加舒适。要知道，在 20 世纪 80 年代初，大米可是要用计划的。

如今 30 多年过去了，母校的这些安排一直影响着我，改变着我，也激励着我，直到现在，直到未来。

知秋九月 难忘师恩

说实话，刚开始我对这个学校这个专业是有抵触情绪的，甚至一度有转学的想法。只是由于当时的体制机制的制约，转学的愿望无法实现。可是谁又曾想到，到了三年级，我开始喜欢这个专业。因为我认识到、体会到我们这个班的老师们是多么好。教高等数学的李光久老师，教普通物理的赵善文老师，教画法几何与机械制图的吕述娣老师，教理论力学的张可学老师，一个个业务精湛，教学水平高，遇到他们是我们的荣幸。系里的老师和领导们，更是我们的守护神。最令我们难忘的是杨秀繁老师，她是我们的辅导员，对我们的关怀无微不至；系党总支书记、主任王道兴老师，既对我们要求严格又平易近人，他后来调任学校宣传部部长；丁建铭老师，对我们班级辅导格外关心；等等。还有其他老师就不再一一表述了。

在这里，我要特别说一说马履中老师。马老师先后教了我们班好几门课程，我印象尤为深刻的是机械优化设计。通过这门课，我不仅对机械优化设计的专业知识有了了解和认识，掌握了如何运用机械优化设计的基本原理搞好设计工作，更重要的是，由此我领悟到当面对许多方案时如何进行科学地选择，如何优选。这对我后来的工作和生活确实起到了十分重要的参考作用。

非常有缘分的是，我的毕业设计指导老师正是马老师。和我毕业设计一个组的同学还有余达银和陈建中。在毕业设计调研时，马老师给予我们三个人很好的指导。马老师要求我们要多跑、多看、多问、多想，方案选择要不厌其烦，要开阔视野，不可囿于成见，要与实践相结合，不可闭门造车，等等。我们毕业设计调研去了杭州、上海等地，马老师给我们介绍专家、学者，介绍相关大学、企业的有关人员，给了我们极大的帮助。在马老师精心而富有创造性的辅导下，我们不仅很好地完成了毕业设计，而且学到了做人的道理，为走上工作岗位、更好地适应形势的需求奠定了良好的基础。

我大学毕业后分配到南通油泵油嘴总厂从事技术工作。由于对工作的热爱，我很快就适应了工作环境，并在同龄人中崭露头角，成为1978年改革开放以来分配到油泵油嘴总厂的大学生中第一位被提拔为中层干部的技术部门人员。1989年下半年开始，我负责一项新产品的开发，我敏锐地发现这项新产品需要进行优化设计，于是给马老师写了一封信。马老师很快回复，并与他当时的研究生沈钰一起到了我所在的工厂，帮助研究分析，建立模型，攻克技术难关。经过大家的共同努力，新产品终于研制成功，为企业赢得了市场，我本人也受到了表彰奖励。

难忘校园梦，难忘同学情

一晃30多年过去了，学校变化有多大呢？我们还记得的门口那五棵松，如今还在吗？我们还记得的玉带河，如今怎么样了啊？我们当年上课的基础楼，还有综合楼104，如今安在？还有，我们当年居住的西山宿舍楼，可曾旧貌换新颜？

一晃30多年过去了，我们这班当年既青涩又富有朝气的青年，如今在各自的工作岗位上辛勤工作，大家都有过成功的欢乐，也有过失败的痛苦；既有过得意的开心，也有过不如意的哭泣。几多变化，几多感慨。但是我们都还记得往日的大学同学，因为这是我们走出家门遇到的第一个优秀群体，是我们一生弥足珍贵的不朽财富。我们难忘，我们珍惜，我们永存。

正如机械工程831的大学同学们是我们走出家门遇到的第一个优秀群体一样，江苏工学院是我们走出家门进入的第一个风水宝地，她不仅仅是我们的母校，更重要的是这是一片热土，是奉献青春年华的热土，这是一片高地，是提升自己的高地。我们难忘，我们怀念，我们渴望再回母校，一起回忆过去那难忘的峥嵘岁月，一起展望江苏大学更加美好的未来。

（丁俊荣　机械工程831班）

◇ 三年的师生友情　一生的指路明灯

几个月前，从同学微信群里获知母校举办返校纪念活动，突然才发现，忙忙碌碌中我已经大学毕业30年了，30年的岁月风尘，吹皱了我年轻的容颜，染白了我乌黑的鬓发，可是我这颗怀旧之心依然没变。于是翻箱倒柜，找出一些大学期间的照片，看着这些泛黄的照片，尘封于记忆深处的青葱岁月渐渐地清晰了起来……1985年夏天，由于高考发挥失常，我没能考上本科，后来有幸上了镇江医学院的医学检验大专班。班里的同学大都是定向或者委培生，共28人，这个班在整个医学院里算小不点班，但学校老师们没有因为我们班小而减少对我们的关心，三年的大学生活，对我的一生影响深远。

首先让我难忘的是刘恭植教授，是他教会了我淳朴和节俭。

那是1986年的某一天中午，一向拥挤混乱的学校食堂的一个打饭窗口突然变得井然有序，几个一贯插队的高年级的大个子学生也变得自觉起来，原来在排队打饭的人群中有一位老教授，安静地在后面排队。我就排在他后面，听同学们窃窃私语，说这就是刚调到我们学校的国内著名的免疫学家刘教授。听到这些我很是惊讶，在后面仔细打量他：微驼着背，穿着洗得发白的中山装，裤子也是褪色的，且有点皱巴巴的，脚上穿着灰白的布鞋，戴着一副老式眼镜，一副非常简朴的老知识分子模样。轮到他打饭了，只见他打开一个坑坑洼洼的铝饭盒，买了二两饭和一份青菜豆腐，然后捧着饭盒，有点颤巍巍地走向他的宿舍。后来他给我们上免疫学课，渊博的知识、高深的学问、朴素的形象，深深地影响了我。30年来，我一直没有奢侈浪费，在经历几段艰苦的岁月时也能安然挺过去。

其次是几位年轻的免疫学老师引导、鼓励、帮助我考上了免疫学研究生。

记得有次在微生物与免疫学课上，我在开小差，老师突然喊我回答问题，我不知所问，当然也不知所答。老师没有直接批评我，只是让我足足站了 5 分钟才让我坐下，我很难为情，下课后就努力补习。没有料到三天后突然举行微免考试，我有幸考入前三名，被遴选参加微生物与免疫学知识竞赛，在许化溪、严俊、王立新等年轻老师的指导下，与附属卫校班的同学抢答题目。我超水平发挥，为我班获胜立下汗马功劳，从此，对免疫学产生了兴趣。

大学毕业后，我回到家乡县城工作。理想很丰满，现实很骨感，由于我是定向生，按规定 8 年内不准调离现单位，为此感到失望，准备在县城平平淡淡过一生。这时，我的高淳老乡、原解剖教研室老师吕力为来看望我，开始鼓励我考研，并说严俊老师在南京医科大学读研究生。我专程赶到南医大去拜访他，他热情接待，跟我谈免疫学的现在和未来，并鼓励我考免疫学研究生。还有生化老师韩伟国，那时他在重庆医科大学读研，他教我如何考研。就这样，在他们的鼓励下，我一边工作，一边坚持自学准备考研。

1992 年的冬天，我刚考研结束回到单位上班，就被领导找去谈话，要求我到单位新成立的经营公司承包服装店和中巴车，否则就下岗。无奈，只得服从。然而个人没有资金投入，只能借高利贷经营，当了三年的个体户，我尝遍了人间的艰难困苦、酸甜苦辣，也体会了人情冷暖。后来由于政策改变，我又回到单位上班，但不忘初心，在业余时间积极备考，多方打听到严俊老师已经在上海第二医科大学攻读博士研究生了，于是再次联系上他。在他的帮助下，我终于考取上海第二医科大学免疫学研究生，那时距离大学毕业已经过了整整十年。2001 年我又继续攻读临床风湿免疫学博士研究生。

还有辅导员李常淳老师，在思想上给予我指导，在精神上给予我安慰。大学期间，我在思想情绪不稳定时，经常得到李常淳老师的安慰。他朴素实在的语言，让我信任，帮我度过了浮躁期。在毕业前实习时，恰遇 1988 年上海甲肝大流行，李老师带队去实习医院看望我们，不顾传染风险，与我们一起吃榨菜开水泡饭。

我毕业后回到老家工作，一度比较自卑，李老师多次写信或托人带话鼓励我，让我多回母校看看。然而我总是因为这样或者那样的事情没有去成，直到读研放寒假时才去拜访他。他非常开心，亲自下厨。他多年的关心教诲、付出不求回报的精神一直感染着我，也铸就了我对待学生无私奉献的带教风格。工作以来，我多次被南京医科大学评为优秀研究生导师。

还有其他很多老师，比如顾可梁、方亨全、胡继岳、陈修文、金有余、闫洪芝、王焕梅、吴晓生、吴玲等。这些恩师都很用心上课，为我们树立了教书育人的好榜样。

免疫学老师的学术追求持续引导我攀登新的学术高峰。

20年来，几位年轻的老师都在不同的大学努力工作学习，逐渐成为国内外著名的免疫学专家。严俊老师出国后当上了美国路易斯维尔大学免疫学系主任，终身教授。我博士毕业后又出国到他的实验室留学，回国后与他合作获得过国家自然科学基金。许化溪老师曾担任江苏大学副校长，目前是江苏省免疫学会理事长；王立新老师现在是东南大学医学院副院长、江苏省微生物与免疫学会理事长；吕力为老师在加拿大留学后也从事免疫学研究，目前是香港大学教授、亚太免疫学联盟执行理事、香港免疫学会理事长。

这几位老师永远是我专业上的指路明灯，近几年来，我们经常在国内外免疫学大会上相遇，我继续聆听他们的免疫学研究进展；他们仍不断提携我，激励我继续在免疫学科研、临床上向更高的层次迈进。我目前是南京医科大学的双学科研究生导师（医学检验、内科风湿免疫），每年诊治疑难风湿免疫病人达一万多人次，2017年我被胡润榜评为南京十大风湿免疫专家之一。

毕业多年，我多次梦回母校，坐在教室里聆听老师的讲课，这是一种怎样的情怀？我虽然未能有一番大作为，但一直遵从恩师们的教诲，脚踏实地、勤勤恳恳地在自己的岗位上默默奉献……

山高水长，薪火相传……愿恩师们健康长寿，平安幸福，事业常青！

（陈兴国　医学检验8541班）

◇ 梦溪流长

　　梦溪之梦，到底是桃花源，还是花山湾，还是天边瑰丽的霞光？每个人都带着这个问题。在1989年的夏天，离开了这个梦溪的源头。谁也没能说清楚，自己的梦想到底是哪里。

　　大家都回到了故乡，按照原先的想法，去站一个三尺的讲台。谁也没有意识到，谁也没有骄傲地认为，从梦溪出发，自己又成了梦的源头。每个人的学校，每个人的学生，都经过了变迁，每个人的梦都经过了修改，梦溪园的源头的力量却改不了。

　　我们在这里只有700天。700天里，最有效的成长时间，加起来只有400多天。400天里，那些年轻的老师、中年的老师、学富五车的老师、刚刚开始尝试教学的老师，就在最短的时间里，让我们记住了源头的滋味。

　　现代文学课、古代汉语课、写作通论课、心理学课、现代汉语课、哲学课、体育公共课，每一个老师都是带着自己对世界的理解、对学科的钻研来的。早上就来到中文系的大教室和小教室，开始把他们自己对这个学科的理解，渗透进自己对世界的理解、对爱的理解，传给我们。300个晚上，在图书馆如森林一样的书籍里，看见了那些大师的名字，看见了那些人一生凝聚成的文字。

　　图书馆的门口就有管理员。粗糙的黄纸借书卡，没有拦住对知识的向往。九点、九点半、十点。夜幕秋风，下了晚自习，淡淡的灯影下，

食堂 40 岁左右的阿姨，看着我们从晚自习的教室里下来。她们最理解我们这些和她们的子女同龄的孩子，眼神里，只有"什么都放下，快来喝口热汤，吃点点心，好饱饱地、愉快地去睡觉吧。这些年轻的学生们真是太苦了。我的孩子如果像他们一样，那多好啊"。

我们吃完了，她们还没有走，收拾到晚上十点。早晨我们还没有来吃，她们就又来了。烧好了热腾腾的早饭，等着我们这些和她们的孩子一样的学生跑过步，来吃热热的早饭。对那些起了懒惰之心、八点多还在吃着早饭的孩子，没有任何的批评和怨言，还是淡淡地笑着："你又是最后一个啦。"她们才是真正纯真的母亲，做着最有用的教育。

我们大多数人都走向了初级中学、高级中学的讲台。第一年，第二年，第三年，每当我们教学遇到困难的时候，晚上灯下，一边批改着学生的作业，一边思考着这个学生为什么会这样。困惑之时，拿起的依然是三年前、五年前、十年前……梦溪园里老师发下来的教育学、教育心理学课本，查着那时候的笔记。

如何知道自己，明天早上遇到这个同学我该怎样应答……没有答案的时候，干脆就让梦溪园的食堂阿姨的神态来说话："什么都别说了，今天又是一个新的开始，孩子你坐下。一天的愉快最重要，学完一会儿再说吧。"

毕竟我们只有 400 天的有效时间，电池是薄的，但是任重道远，车程很快，困难接踵而至。我们的车，是准备不足的，随时停靠，随时修整，高速公路旁的修养站，我们不敢漏过一家，整理自己，充实自己，加油，洗刷，再次从容上路。不过我们从没有停止。送走了一批一批的孩子，再回来打理自己。孩子们在进步，我们哪里敢停下成长的脚步。

人生匆匆过，30 年，听上去多么吓人的数字。看一看那时候的照片。那年轻的面容体态，或是英俊，或是修长；那年轻的眼睛，或是清纯，或是向往。30 年后，我们又变得怎样。曾经在两年前，有过相聚。

总之，中文系的学子在梦溪园的源头，接过了老师梦溪园的传响，接过来食堂阿姨的爱和期望。我们所有的人，都没有辜负那些期待的眼光，都在把源头的水向学生那里流长。30 年一去，奔流到海，学生都从儿童变成了中年的模样，而我们却没有老去。

再回梦溪园，我们的校园搬迁，原址又有了新的航向，从我们大学的校园成了一所小学的课堂。这一切都没有关系。在那里，在那时，我们学会了以山水的情怀，面对风月的变化。我想，我们的中文系，必然有新的发展；新一代的教师，又在登程。

梦溪园里溪梦长，桂花还未去，枝头果已香。

祝福我们的母校，祝福我们的同学！

（唐萍　1987级中文2班）

◇ 记忆的珍珠

毕业30年返校之际，翻开厚厚的"记录册"，一幅幅照片、一段段文字，犹如一颗颗珍珠，散落在我记忆的长河中，顺着这河水，抚摸着那段悄悄走远却不会流出记忆长河的岁月……

岁月如梭。今年的十五是"云遮月"，去年的十五是"月如镜"吗？我已模糊，确切地说，并不在意，几十年的月亮一如既往地高悬天际。但有一年的"中秋月"总是无意间走进脑海，弥漫心间，令过往的中秋，无论天上有无月亮，心中永远有那个抹不去的"中秋夜"，那个1985年的中秋。

1985年9月，我们从祖国的四面八方来到了江苏工学院，我们就读于机械工程系机械设计与制造专业，全系两个班，60人左右。大多数同学也许都和我一样，第一次走这么远的路，到一个完全陌生的地方独立地生活。但我们不是盲目的"迁徙者"，我们手里拿着许多人都梦想得到的"路条"——录取通知书。这是我们离家后的第一个中秋，能在长江边观月、赏月，现在想想该是多么浪漫和奢侈的事。但是那时小，第一次离家，根本没有心情也不懂欣赏，还偷偷地流眼泪呢。男同学们在地里挖坑烤着红薯，女同学们说着自己的"小心情"，在生涩和怯怯中完成了我们的第一次聚会。

这样的一个"中秋"，这样的一次"聚会"，没有"桥段"，没有"欣赏"，没有"仪式"，没有"照片"，甚至没有"情节"，但这个中秋夜却深深定格在记忆的长江边上，或远或近，总能瞭望到那群稚气未脱的年轻人，你们还好吗？你们和我一样记得那个中秋夜吗？

岁月青葱。镇江是山水文化名城，这里的山山水水，上学的那些年基本都走遍了。金山，不知道去过多少次，但毕业之后好多年才看到的这组没有我的照片，居然让我有所羡妒。那时候用的是胶卷，根本不舍得拍风景，也不会存没有自己的照片。所以按人头冲印时就没我的份，即使是我去冲印也是一样的。看到照片时我问同学我去哪儿了。同学说，你在给大家拍照呀。

高中时的两个男同学来我们学校看我，正赶上我一、二节上课，就

把新买的相机放在桌子上,留了宿舍门,并在门上贴了便条,上面写着:"门没锁,相机在桌子上,如想出去走,自己去,如不想,等我。"我下课回来,几个大男生就在我宿舍等我呢,并且笑我傻,说我这是留给全楼道的字条,相机还在,万幸!

有一次把手表忘在了浴池,于是贴了"寻表启事",过了很久有同学说看到了回复,让我去后楼某寝室83级女生处取。那姐姐说回复贴了好几天了,问我表是什么牌子的,我不知道,但跟她形容了外形和商标的样子,她告诉我是"海鸥"牌。表虽然拿了回来,但整个人却很沮丧,于是我知道发了寻物启事是要回看的,商品都是有品牌的,而且我的寻物启事上写着"必有重谢",并没兑现,欠了那姐姐很多呢!

岁月如歌。1986年5月,我参加了"第二届江工歌手大奖赛",从未参加过排练,连试唱跟乐队彩排都没有,却也能跟上伴奏,而且得了二等奖,唱的是韩宝仪的一首很流行的歌,但是歌名却怎么也想不起来了。我不知道30年了,还有谁能帮我想起当时的那首歌。

为纪念"一二·九"运动,学校举办了歌咏比赛,我是指挥,得了第一名。

还记得1987年五四青年节前夕,学校组织了歌咏比赛,我还领唱了《英雄儿女》,我们系还是第一。同学们都说我"多才多艺",其实我只是不惧怕表现。在学校校园中成长的孩子都是胆大的,而且具备组织的潜质,在台前说话不会走样,因为从小就看见妈妈和妈妈的同事们在讲台上讲话,感觉讲台就是生活的组成部分。我一直认为自己能当个老师,但并没有进师范学校的命。直至毕业后许多年的聚会上才知道,我们班居然有近三分之一的同学当老师。在这个工学院中艰难、艰苦、艰辛地度过这四年,我坚信每个人都有一身的本领,无论从事什么职业,都不会有什么苦痛的事可以难得住。

岁月悠悠。1987年国家开始实行身份证制,我们也开始办身份证,但是到取证时全宿舍只有我的证辅导员没拿来,说是没找到。这事放到今天,根本就不会发生什么,再等或再找是很正常的。但当时,感觉她对我有"偏见",她曾经给我父母写信,后来父母把信又转给了我,让我有则改之无则加勉。辅导员是出于责任心，信的内容很直接，一是谈学习，二是谈与男生的关系，我没她写的那么"坏"，所以对她十分有气。正好她到寝室送身份证，只没有我的，于是我不依不饶和她大吵了一架。这事存在心里后悔了很多年，有一年去无锡专程看了她，只是喝了酒，只是道了歉，并没提这件事。

岁月静好。宿舍楼顶上风光无限，向后可以看到长江，前面就是整个的校园。夏天极热时，很多人抱着凉席就在楼顶上睡觉，南方盛夏的夜晚很难受，不但闷热难忍，还有巨大号的蚊子。从男生那儿收的照片中看到单栋的女生宿舍楼，这是我仅存的宿舍楼的照片，好想再去一次顶楼，看看前前后后的风景，不知道我当时留在角落里的字条可还在？

这是我们班的足球队。真想不到这个队伍里会有朱斌，他小时候得有多么营养不良呀！也许是从小在校园中长大的原因吧，我对运动特别有兴趣，也喜欢爱运动的男生，直觉上爱运动的人都性格大线条、不计较。这些个帅气、英俊的男生们，你们还有当年的身材吗？真想一睹你们的风采！

细细想来，这四年在大学中生活成长，收获是全方位的，不能说自己学了很多，当然也不能说什么都没学到，经历也是一种收获。比如有了那几年几天几夜火车、汽车折腾的经历，后来多远的路都不怕，什么环境下都能睡着觉；有很强的生存能力；对美丽的山水非常眷恋；等等。由于顶着"大学生"的称号，在单位容易得到领导的另眼相看，自己也觉得领悟力更强一些。"大学生"是一个美丽的光环，我因一生戴着它而幸福、自信、自豪！

愿我们出走半生，归来仍是少年。

（刘洪　机制 1985 级）

◇　人生最忆是梦溪——献给永远的八四中文

此刻，我静坐于窗前，书桌上放着两本 30 年前的《毕业论文集》《中学语文诗词赏析》。望着仍旧散发出油墨纸香的纯手工刻写文集，一种强烈的怀旧情绪笼罩着我，情难自禁，我的思绪又回到了梦溪园的岁月。

我得承认，我是一个不好不坏的学生。之所以不坏，是因为上课准时，听讲认真，按时完成作业。人贵有自知之明，我就暂且不说自己的不好，留下篇幅多写些恩师和同学。

笪远毅老师讲授古代汉语颇有古代圣贤的气度——旁征博引，气定神闲。他信手拈来一个个典故，每每使无知如我辈者倾倒！记得有一次讲会意字，笪老师列举了很多书本上没有的字，引经据典，娓娓道来，同学们都有恍然大悟的透彻感。至今我仍记得，祭祀的"祭"是手拿着肉在祈祷；"公"字与"厶"相反，背厶为公，背公为厶（多么哲学）；安全的"安"是女子到家即为平安……笪老师的授课，真正称得上慷慨激昂，讲到灯火阑珊处，双手叉腰，手推眼镜，昂首挺胸，在三尺讲坛与陶然若醉的我们之间信天游着！蓦然回首间，顺手写下几个篆体字，才情顿显。

笪老师对学生的要求是严格的，经常在课间教育大家不要虚度年华，殷殷关切之情溢于言表。同样严格要求我们的英语老师杨金才先生可就

没有了"先生"的礼遇了。

84 中文是才子佳人聚集的地方，也是个性张扬的青春场。我们班琴棋书画，吹拉弹唱，朗诵舞蹈，运动健身，样样拿得起，在全年级赫赫有名，在整个镇江师专也大有名气。张伟清是我们的班长，稳重老练，一年级就是党员，把我们班管理得井井有条。可这井井有条的 84 中文，却生生把杨金才老师变成了一条井底冰镇的"糖醋鱼"。

话说那天上午第四节课上，年轻英语教师杨金才先生正在"lecture"。

杨老师平时很害羞，加上嘴皮子特不利索，在我们中文系里说外文，显得特不主场。早已饥肠辘辘的我们只想早点冲进食堂，可杨老师仍在黑板前独步，沉浸在英文的海洋中，还在海洋里捞起一条鱼，用英语的各种时态，烹煮煎炸，葱姜蒜末，红烧英吉利"糖醋鱼"。你再看看三尺之外，张筠吴侬软语，敏奇窃窃私语，万顺快言快语，铁俊自言自语，李敏冷言冷语，杨健甜言蜜语，道平胡言乱语，桂平闲言碎语，玲君牙牙学语，纪青喃喃自语，丰南只言片语，惠金好言好语，孝法千言万语，林伟豪言壮语，国荣花言巧语，颖秋三言两语，芷卿轻言细语，旺洪一言半语，益民沉吟不语，刘兵欢声笑语……嘈嘈切切错杂弹，大珠小珠落玉盘！黑板前的杨老师显得更黑更瘦了，下课铃一响，杨老师热血上涌，满脸通红，黯然有语：同学们，去食堂记得吃糖醋鱼……

　　30 年过去，弹指一挥间！梦溪楼的情思，寿丘山的风华，在岁月的流逝中，我想，84 中文已不再是一个符号，而是生成了新基因，牢牢根植于我们的血液里！

　　记忆是美好的，回忆是幸福的！三载太短，一世如何！我愿，在这个巨变且善忘的年代，有梦入梦溪，此生足矣！

　　随短文附诗一首：

那些年，我们一起走过

三年的相知相依

三十年的别离

往昔的点滴

只有梦里依稀

曾经的你

是我之乎者也的兄弟

南郊竹林寺的野炊

是我今生最美的回忆

还有你啊

2201 宿舍里我的姐妹

你我的浅吟深谈，欢歌笑语

写就了最炫的青春无忌

弹指一挥间

三十年已经河西

花开花落的宠辱不惊

云卷云舒的去留无意

岁月无声

我你的交集，你我的相思

都溶入这生生不息的

血液里

不如归去，不如归去

我们在这里

梦溪

永远在那里

（夏兴萍　中文1984级）

第三节
师友趣事　二十年仿佛昨日

◇ 永远的 1990

时间过得真快，一晃毕业已经20年了，真是有点不敢相信，我们已经毕业了那么久。1990年，我们告别高中生涯，怀着对美好未来的憧憬，充满好奇地踏进了镇江医学院的大门。当年，镇江医学院大门位于医政路上，这是一条两边长满法国梧桐的安静小路，西头位于解放路上，东头不通，被北固山山体阻断。路过医学院大门继续向东走，是个大院子，里面是医学院和江滨医院的教职工宿舍楼。如今，这条曾经走过无数遍的小路已经拆迁，很遗憾当时没有给这条路拍个照，今天也只能在回忆里勾勒出它的模样。从医学院的北门出去，走不多远就是北固山，"镇江山水甲于东南，其势之雄首推北固"。秀逸雄踞的北固山，是后来同学们经常去休憩游玩的地方。

教学楼、操场、食堂、宿舍楼、图书馆……我们度过了四年美好的时光。我们曾在校园里的每一个角落走过，清晨薄薄的雾霭中空气清新的操场，到了饭点总是很热闹人来人往的食堂，安静的环境颇佳的图书馆，黄昏时分清凉的葡萄架，晚自修时坐得满满的教室，明亮温馨总是充满了笑声的宿舍……还有到了季节就露出嫩黄花瓣的一树树迎春花和宽阔的道路两旁浓密的梧桐叶。透过时光，我们看到自己留下的每一个脚印和痕迹。虽然这段时间对于漫漫人生来说，也只是短短一瞬，但是我相信在每位同学的心中，这四年都有着非同一般的意义。青春美丽绽放，散发着生命的芳香。绚丽多彩的春季，绿色葱茏的夏季，华叶焜黄的秋季，落雪缤纷的冬季，在春夏秋冬的流转中，母校孕育了我们的未来。她让我们发挥出自己的潜能，寻找属于自己的强大力量。

难忘恩师们和蔼的笑容，在他们的谆谆教诲中，是对我们殷切的期盼。他们传授的不仅仅是丰富的知识，更重要的是做人做事的信念和态度。母校教导我们要去拼搏、去探索，在今后的人生道路上，无论遇到什么艰难险阻，都要坚强面对，提高人生的境界。医学是神奇而崇高的，我们为自己从事的职业感到骄傲。最初对专业的热爱，就来自老师们精彩的授课，这是一笔宝贵的人生财富。忘不了同学之间的友情，那是一段一起追逐理想、憧憬未来的岁月。此时我脑海里浮现的，是同学们的一颦一笑，是课堂上专注的目光，是运动场上矫健的身姿。我们一起上课，共同聆听老师的教诲，课后讨论着感兴趣的问题；我们郊游，看鼋头渚的春花绽放，看栖霞山的红叶依依；我们到南郊爬山，看辽远天空，云起云散，微风带着青草的香气拂过耳畔；我们一起听罗大佑、伊能静、小虎队，一起看西蒙·波伏娃、钱锺书、古龙、亦舒、汪国真……更多时候，难忘的是一个个片段，就像一幅幅背景各异的照片。考试前抓紧时间背书的忙碌；宿舍里的室友们一起分享各人从家里带来的美食；喜爱跳舞的同学每周末都会去学校活动室大显身手，"跳舞治百病"，不是我们经常挂在嘴边的名言？暑假期间校园里的野草深深，开学时骤然而来的人声沸腾；自己打排球时总是发不好球的懊恼，跑 800 米前的突击训练。嗯，是的，恐怕这几年里最难熬的就是 800 米考试了，那时候又怎么会想到毕业多年后为锻炼身体而经常长跑呢？

当年的欢声笑语还在耳边回荡，转眼间，已经到了四十而不惑的年纪了。毕业后的我们忙忙碌碌、成家立业，承担的责任越来越多。在家庭里，我们都是顶梁柱，父母逐渐老去，孩子正在成长。在单位里，我们都爱岗敬业，担负起肩头的职责，也作为老师，开始指导年轻人。漫漫岁月，我们的人生经过历练后变得更加成熟和稳重。回首校园岁月，那一段真真切切、从从容容的师生情谊、同学情谊，随着时光的流逝，变得越来越浓郁。虽然我们的容貌在变老，可是聚会时，我们的心还是那么年轻，我们珍视友谊，抚今追昔，尽情享受重逢的喜悦。

聚会正值金秋十月，秋高气爽，我想引用非常喜欢的一首古诗，唐朝诗人刘禹锡的《秋词》："自古逢秋悲寂寥，我言秋日胜春朝。晴空一鹤排云上，便引诗情到碧霄。"愿母校繁荣昌盛，蒸蒸日上！愿老师和同学们永葆青春，笑对人生！

（丁洁　医学检验专业90-2-7班）

◇ 浓情江工

回忆着浪漫的江工校园，回忆着温馨的四幢202，回忆着大学里老师的音容笑貌、同学的深厚友情，让我觉得四年的大学生活是多么的丰富多彩，是那么的令人回味……

24年前，一场高考改变了我的命运，也让我从一个农村娃，一头扎进了城里的生活，从此我的生活烙上了"江工"的印记。到现在，依然记得刚入校的时候，班主任马红霞老师看着瘦小黑黑的我，还以为我是哪个学生的家长；依然记得，刚进入202寝室，怯生生地看着宿舍里来自五湖四海的同学，一切都充满了好奇；依然记得第一次班会的时候，自我介绍，满口家乡口音的普通话，同学们愣是一句都没听懂，还是说同样方言的马老师做了我的翻译……太多的"江工"的第一次，随着岁月的流逝，已渐模糊，可对"江工"的回忆却像陈年老酒，越陈越香。

模具921，是我人生中不能忘记的一个代号，在这个25人的小集体里，我们留下了令人回味的过去。曾经的我们有获得学院优秀班级的光荣，曾经的我们有英语四级考试100%合格的历史，曾经的我们有学霸周同根同学获得"中川石奖学金"的光荣喜悦，曾经的我们有过体育健儿周清南勇夺江苏省13届大运会男子标枪第三名的骄傲，曾经的我们更有同学之间互帮互助的那份真诚。四年的大学生活，把我们融成一个整体，我们一起迈入江工的校门，我们一起满怀对江工的感激离开。

四年大学，我们从老师们那里学到让我们立足社会的能力，也让我们领会到了做人的道理。太多和蔼可亲的老师用他们的实际行动给我们诠释做人的道理。班主任马老师对我们的关心，可谓贯穿了整个四年的大学生活。大学一年级的时候，马老师担心我们男生吃不饱，把我叫过去，给了我一叠粮票，让我给同学们分分；整个大学期间，定期给我们开班会，以及时解决班级里这样那样的问题。我们的任课老师兢兢业业的教学态度，也让我们在知识的积累中受益匪浅。老教授们严谨的治学态度，让我一直难以忘记。以前我无法理解，为什么58分不能给个及格，为什么您身体不舒服还要坚持站在讲台上……20年的社会生活，让我体会到这就是"态度"。深深地感谢58分不能给我及格的制图老师，深深地感谢抱病给我们授课的朱金山老师、李崇豪老师，深深地感谢太多的教给我们知识、教给我们做人道理的江工老师。

从农机学院到工学院，到理工大，到现在的江苏大学，随着时代的变迁，不同的名字，赋予了您不同的使命，但每每说起学校，依然习惯称之为"江工"。"江工"融入了我们太多的情怀、太多的回忆。

（徐祥　模具921班）

◇ 江工球事

俄罗斯世界杯刚刚结束，年纪渐长的我，已经步入"伪球迷"行列。即使对于真球迷来说，一生中真正为足球疯狂的时间其实很短。所幸，江工大学时代，我们是真爱、真疯、真痴过。

一、接机

如今，手机装上APP，连上Wi-Fi，看直播很方便。然而，在20世纪90年代中期，我们的梦想是在学生宿舍里有一台电视机，除了能看新闻、电视剧，最重要的是看足球比赛转播呀。宿舍老大，也是我们的班长严学华同学，家里消费升级，买了一台大彩电。老大本人迷书也迷妹，从来就没迷过足球，但不妨碍他惦记着家里那台闲置的黑白电视机，在我们的殷殷期待中，毅然跑向了公共电话亭。严大伯宅心仁厚，从儿子的隔空描述中可以想见我们那"嗷嗷待哺"的状态，决定周末就把电视机从大丰通过开往镇江的班车捎过来。我、老大还有来自广西最喜欢踢 football 的陈继东同学，在一个阳光灿烂的周末，到渡口那老长途汽车站去接机。由于兴奋，我们早早就去了，一直等到午饭后，把那台 14 英寸的黑白电视机从依维柯上捧下来的时候，简直热泪盈眶。

二、迁机

电视机有了，由于没有有线信号，看不到 CCTV5。不过也不打紧，重要的比赛，CCTV1 和 CCTV2 都是转播的。凭借老大家的电视机，我们全程观看了 1996 年欧洲杯和毕业季的 1998 年世界杯，过瘾。印象最深的一次看球是 1996 年欧洲杯，由于有时差，比赛基本是在下半夜，到点熄灯是学生宿舍的常态。光有信号，没有电也是没辙。为了看比赛，电工高手王秋苇同学从厕所私拉了一根电线，让我们可以在走廊上看电视。可能是看球动静太大了，被认真负责的宿管科大爷发现了。兹事体大，不整改面临拿不到毕业证的风险。无奈，大家只能把私拉的电线扯了。但是，球看一半，就像尿了一半憋着，太难受。继东同学，二话不说，一口气把电视机从西山宿舍扛到机械楼的材料系学生会办公室，我们得以继续在蚊子的问候声中看球，可惜那场球意大利 1∶2 输给了捷克。此外，1997 年天津世乒赛，丁松大战卡尔松，最后男团力克瑞典，看得心脏几乎跳出胸腔。香港回归直播，当最后的港督彭定康乘船离开香港的时候，一种"站起来"的民族自豪感袭胸而来。

三、现场

大四上学期，去上海柴油机厂实习，住宿安排在上海机床厂。到现场去看场球，是我们许多同学的心愿。可惜那段时间没有甲 A 联赛，只有足协杯。可能是上海申花刚在联赛中吃了 1∶9 的败仗，加之杯赛号召力本身就差，票价不贵，学生党也消费得起。当我们手里攥着杨立志同学千辛万苦买来的每张 20 元的优惠票，列队去虹口体育场看球的时候，门口吹着喇叭的"黄牛"在兜售每张 19 元的票，看来，做"黄牛"也要加强学习和研究，否则会赔本。那场球最后还是 0∶0，有点不值。球看得不过瘾，那就找个场子练一下子呗。又是热心的杨立志同学张罗着给大家统一买了球鞋，翻墙到机床厂边上的学校去和学生们踢，带队的付明喜老师也"与民同乐"，卷起裤腿进场为自己的弟子助拳。然而，结果却比足协杯还惨，我们被对方打得找不着北，被灌了几个都记不得了，估摸着对方肯定是一所以体育为特色的学校。

四、对抗

94级铸造班一共25个人，刨除2个女生，就23个男生，正好可以组成两支球队，其实不能称为"支"，称为"边"更合适。我们就全民皆兵，每星期组织一场比赛。以居住宿舍的楼层划分，4楼对抗5楼，每周在学习之余，全班踢上一场醋畅淋漓的足球赛，既增进友谊，又锻炼了身体，真好。在这些比赛中，涌现了不少的球星，比如我班头牌——陈继东，入选校队；跑动不多、进球不少的鬼马小精灵——马庆金；反应速度一流的江工布冯——蒋兆元；等等。很有意思的是，连着几个学期都是一个楼层全胜，而另一个楼层全败，都没有梅花间竹的结果。此次返校，朱迅同学提议再踢一场定胜负，但除了一直保持每周一踢的极少数人以外，大部分人都跑不起来了。人生是场接力赛，父辈挂靴，下一代可以继续对抗。然而，传承是一件极其难的事情，搞不好还会与你的期望背道而驰。我这十足真金球迷，儿子却只对小鲜肉偶像剧感兴趣，而当年嫌我们看球吵闹的周春明同学，他的儿子则是在升学考试前都披挂上场的全天候立体式球迷，家里的C罗球衣更是满仓满柜。能量是守恒的，迷球则是代际守恒的。

五、周报

当年，获取资讯的手段有限，《体坛周报》是我的最爱。从入学时候的4毛钱一份，每周一张，到后来我离开学校时候的1.2元一份，每周两张，通货膨胀也真是厉害哈，学生党，每期都买，也是有点压力的。不过，大家都爱球，轮流买，大部分是我买，看过之后我还把报纸按期理得整整齐齐，收藏起来，以备查询，简直是做学问的派头。那时候你要问我五大联赛和甲A球队积分、进球数、射手、教练、球员，甚至是八卦花絮，随时可以报出来，准确率不输于如今的AI。学校记者站的记者采访我，我脱口而出各队资料和数据，听得那个足球小白一愣一愣的。

六、追星

看球，肯定得追星。我也不例外。国家队层面，喜欢中国队和意大利队；俱乐部层面，国内的最喜欢上海申花队，国外喜欢尤文图斯队。那时候的甲 A 联赛确实火，可能是我国为数不多的足球黄金时期。我给申花队的吴承瑛写过信，满满 8 张纸，将我的景仰爱慕之情诉诸笔端，装进信封，塞进邮筒。然后就没有然后了。这也是我预料中的结局，事过多年，当时写的什么内容已经忘记，但我记得有一句："承瑛大哥，你每天收到的信肯定以麻袋计，我的信估计你都不会拆开，但我还是忍不住要写。"那时候足球在我心中的地位真是崇高无比，当时我们有甲 A 联赛、韩国有 K 联赛、日本有 J 联赛，都办得不错，我甚至憧憬中日韩三国联合组建东亚联赛，为此还在地图上丈量过。我们的甲 A 联赛球队主客场跨度很大，飞机也不在乎多飞一下，一个国家出几支球队，组建一个联盟，效法欧冠，也不是不可能。如今回想起来，会为自己的青涩暗自发笑，但不悔，谁没有年轻过呢？

爱就去做，不问结果。那些疯狂的事情年轻时候不去做，难道还等到保温杯里泡枸杞的时候再追悔么？

（祁隆飙　铸造 941 班）

◇ 梦溪园畔的青春梦想

寿丘山麓，两排高大挺拔的松树，护卫着校园中心大道向前延伸；梦溪园畔，动听欢快的鸟雀声与学子入耳的读书声唱和呼应……这里是青春梦想开始的地方。

在江苏大学梦溪校区，我度过了难忘的大学时光，积累了宝贵的精神财富，开启了人生事业的航程。大学生活多姿多彩，值得留念，催人奋进。

成长与进步

1999 年 9 月，我从苏北农村来到古城镇江，第一次踏进梦寐以求的镇江师范专科学校。报到的那一天，我提着两只大行李箱，乘大巴、坐轮渡来到学校。行李箱很沉，里面装着父母准备的食品和衣物，也装着全家人真切朴实的盼头，盼着他们的儿子能够有点儿出息。父母没有什么文化，只希望子女能够圆上大学的梦。而大学给了我圆梦的机会。

初进大学，就被美丽的校园环境和浓厚的文化氛围所吸引。梦溪校区虽然地盘不大，但布局精致，校舍依山而建，错落有致，很有特色。寿丘山顶、艺术长廊、林间小道都是我们读书、散步的好去处。而活动开展得如火如荼的学生社团则是青年学子锻炼自我、展示才华的重要阵地。在学校的指导和学生的努力下，学生联合会、大学生记者团、校园广播站等一大批社团办成了精品社团，校园文化节、大学生艺术节、科技创新周等一大批活动办成了品牌活动，其中很多活动还在全国有影响、全省有位次。生活、学习、成长在这里，我们的感受是：学习有兴趣，休闲有乐趣，生活有情趣。

学校之大，不在于大楼，而在于"大师"。我所在的化学系有几位年长的教授，如已经退休的俞运鹏老师，知识渊博，教学严谨，讲课精彩，很受学生欢迎。他培养的师范毕业生很多都成为中学的教学骨干和业务能手。很多老师不辞辛苦忘我工作，甚至为了事业积劳成疾，其人格魅力和崇高精神影响了一批又一批的毕业生。

在梦溪校区的 4 年，是知识积累的 4 年，也是人格塑造的 4 年。踏踏实实做事，认认真真做人，良好的品质都是从这里形塑。

荣耀与梦想

在江大，我们是幸福和幸运的一届。在经历了世纪之交的狂欢之后，我们又迎来了江苏大学成立的庆典，见证了学校的跨越发展和快速腾飞。2001 年 8 月，当江苏理工大学、镇江医学院、镇江师专合并组建江苏大学的消息传来，师专全体师生欢欣鼓舞，为之振奋。作为镇江师专的学生，我们盼来的不仅仅是一份荣耀、一个光环，更是一次超越自我、实现人生转型的难得机遇。学校合并后，资源共享，师资共用，为我们的学习和生活提供了极大的便利。在化学系学习的我们，更是最先享受便利，最早得到实惠。江苏大学组建不久，新的化学化工学院成立，一大批优秀的教师为我们授课指导，一大批先进的教学仪器供我们实验操作。在新的环境下，我们的眼界更加开阔，思维更加活跃，知识更加丰富。学校的合并和学院的组建，给我们提供了更多就业和深造的机会，也给我们实现更加远大的目标和理想提供了新的机会。可以说今天不少在学术上小有建树的同学都是在那个时期打下坚实基础的。

学校的荣耀与个人的梦想紧密相连，学校的发展与个人的进步息息相关。2003 年，在我毕业前夕，正当我为联络工作而四处奔波的时候，经化学化工学院党委推荐，学校组织部给了我一次参加学校选调生选拔考试的机会。在经历了笔试、面试、考核，以及省委组织部面试、考察等一系列环节后，我顺利地成为一名选调生，也是当年梦溪校区唯一入围的人选。个人命运的转折再次证明：个人的成长离不开学校的培养，个人的进步离不老师的关爱。我衷心地感恩母校，感谢恩师！

秉承与发扬

"博学、求是、明德"是江苏大学的校训， 也是百年江大精神的真实写照。江苏大学组建以来，办学规模不断扩大，校园环境日益改善，社会影响显著提升，在改革发展的道路中风雨兼程，成绩斐然。作为校友，我们由衷地感到骄傲和自豪。

秉承学校的优良传统，发扬江大的时代精神，是每一位江大校友应有的承诺。为母校争光，为江大添彩，是我们崇高的使命和应有的职责。作为江大校友，无论身在何方，无论从事什么职业，都将不畏辛苦，不辱使命，以一流的工作业绩回报母校的培养。历史和现实都将表明，在江大精神的激励下，越来越多的江大校友在各自的工作岗位上勇创佳绩，捷报频传，也必将为江大赢得新的荣耀。

母校精神激励我们继续前行，母校情怀鼓舞我们不断进步。作为一名国家公务员，我从基层干起，做过文员，当过秘书，干过共青团工作，现在是一名地方组织人事干部。虽然岗位在换、工作在变，但我始终牢记母校的教诲，勤勤恳恳、尽心尽职地做好工作，努力做一 名对社会有用的人，多贡献、少索取，多作为、少平庸。

一去多年，梦溪园依然美丽，梦溪园畔的梦想依然绚丽！

（朱春明　化工 1999 级）

◇ 愿半生归来，你我仍是江大青年

四年前，带着一份懵懂，我们踏进江大的校门；四年后，怀着一份憧憬，我们将开启新的征程。

校媒工作是我大学生活中浓墨重彩的一笔。大学期间，因为热爱媒体工作，我成了《江大青年》编辑部编辑，也加入了江苏大学团委新媒体中心。在无数次的采访、撰稿、编辑的过程中，我接触到了很多优秀的老师和同学，他们的经历感染着我、鼓舞着我，让我成长蜕变，一步步朝着优秀媒体人的目标迈进。我成功入选香港浸会大学传理学术交流项目，也顺利获得芒果 TV、陕西广电的实习机会；9 月，我将赴英国谢菲尔德大学学习国际新闻。我明白，这份跨专业的成绩离不开母校的支持、老师的教导、前辈的帮助和同学的鼓励。只要肯努力，真心爱，结果会让我们明白"所有的拼搏都值得"。只要坚守心中的理想，始终怀着最初的那份热忱，风雨无阻，勇往直前，终有收获成功的那一天。

身后的脚印深深浅浅却始终向前，成绩和荣誉终将属于过去，而属于未来的，是在江大的所见、所闻、所感。丰富多彩的校园生活如同碎片，一张张拼凑出关于江大的记忆。我们在这里不断成长，长成更加自信、出彩的江大青年。

青年兴则国家兴，青年强则国家强，青年一代有理想、有本领、有担当，国家就有前途，民族就有希望。凡是过往，皆为序章。愿我们在"博学、求是、明德"校训的指引下，时刻秉承自强的精神、厚德的品性、实干的作风和求真的勇气，展示出江大人的良好风貌，成为这个伟大时代的亲历者、记录者和传播者。

"长风破浪会有时，直挂云帆济沧海"，愿半生归来，你我仍是江大青年。

（李卓宸　文学院 1601 班）

　　江苏大学校园里活跃着四万多名大学生，处处都散发着蓬勃的青春气息。除了树荫之下的琅琅书声和教室窗前伏案苦学的身影，更有参与"文化传统　你我共传""活力四射　运动江大""志愿活动　志在四方""文明互鉴　美美与共"等多姿多彩的校园文化活动的活力身影。江大学子用自己的方式在各自的舞台上展示着独特的魅力和江大精神。

第一节
文化传统　接力有我

◇　随我国潮　筑梦有道：京剧进校园活动

○　传统艺术进校园　中外学生齐传承
　　　　　　——我校第二届传统文艺节侧记

　　"希望我们的大学生能够成为传统文化的践行者、传承者，让五千年以来积累的传统文化传承下去。"我校团委副书记叶涛说。

　　2018 年 4 月 16 日，江苏大学与镇江民间文化艺术馆在江苏大学西山操场举办了第二届传统文化节，既通过弘扬我国传统文化提升了大学生的传统文化素质，又促进了外国留学生了解中国文化。

三项非遗文化、十种校园艺术形式，争奇斗艳

盛珏、安永凤、沈建国等镇江民间文化艺术家在现场展示了烙铁画、中国结编织、面塑等多种传统文化艺术。此外，我校学生也参与其中，带来了八极雄风（武术）、汉服舞曲、陶笛演奏、戏曲及民乐演奏等各色精彩节目。在本次传统文化艺术节中，我校师生不仅可以去看、去欣赏，也能够亲身参与其中去体验艺术制作的乐趣、去体会传统文化的魅力。"我们希望非遗文化能够贴近大学生、贴近生活实际。"外国语学院团委老师丁永萍说。

来自海外教育学院的 Evic 表示："许多有趣的节目，我非常享受参与的过程，其中令我印象最深的便是汉服舞曲了。"烈日下，婀娜多姿的汉服社女生身着汉族服饰，衣袂飘飘，温文娴静地迈着小碎步款款而来，吸引了广大师生的眼球。汉服汇聚了秦之古朴、汉之肃穆、唐之飘逸、宋之娟丽、明之端庄，记录了华夏人民生活的点点滴滴，是中华文明的重要见证。而进行汉服舞曲表演的校汉服社罗佳惠介绍道："我们因为喜欢汉服而加入校汉服社，今天给大家进行汉服表演，也是希望大家感受到汉服的文化魅力。"

在发展中传承，弘扬海外

制作面塑的艺术家沈建国说："我们的传统文化要在发展中寻求传承。"在沈建国的展台上，既摆放着已制作完成的神仙面塑、动物面塑，也有依据哆啦 A 梦、小黄人等卡通形象制作的面塑，展台四周围绕着一位又一位粉丝。"时代发展了，我们就要跟上时代潮流，融入时代元素。"沈建国坚持在发展中传承他所爱的艺术。

一笔一画，一撇、一压、一钩、一格、一抵皆为书法，书法作为我国文化的瑰宝，深受我国民众的喜爱。随着书法经历了一代又一代的发展，行书、草书、隶书、篆书、楷书各有特色，书法文化也是风靡海内外，来自海外的学子对此也是颇有兴趣。"Butterfly！China！"来自海外教育学院的 Salen 自豪地为他新学的书画作品做着展示。"我们举办这

次活动,是希望能够连接中外文化。"外国语学院英语1501班的夏佳讲道,相比于去年首届仅仅是由中国学生举办参与,今年的传统文化节,由外国语学院联合海外教育学院共同举办,目的是让不同国家的人感受我国传统文化的魅力。来自海外教育学院的泰国朋友作为学生会主席带着干事一起参加了这次活动:"传统文化节让我进一步了解中国的文化艺术,我能够更骄傲地向自己的朋友们介绍和推广中国文化。"

公益性的艺术,工匠精神展示

烙铁画艺术家盛珏认为:"民间艺术具有公益性。" 在烙铁画诞生初期,是采用烧热的铁条来作画,而现在可以用电热烙铁,电热烙铁更容易控制温度,也就能更好地进行创作。随着创作更为方便,作品的质量也是不容忽视的。"我们要坚持工匠精神,坚持活动的公益性,把这项艺术传承下去。"盛珏说。

"本次传统文化节只是一个开幕式,接下来会有更多有意义的后续活动。"丁永萍介绍道,在外国语学院内部先行开始,通过结合中国传统节日,组织开展相关传统文化活动;通过体育运动会,将传统的太极、武术、剑术这些传统运动融入体育运动会中;通过暑期格桑花、邵仲义支教团支教,将传统文化艺术带到西部地区、贫困山区的孩子那里,让孩子从小慢慢接受传统文化,了解传统文化的重要性。

(王丹蕾)

◇ 一城一诗 道出风雅:大学生诗词大会系列活动

经典诗词是一座巍巍丰碑,承载着中华文明的历史遗产,又是一顶璀璨的王冠,缀满了浓缩中国文学智慧的奇珍异宝。为深入开展社会科学普及活动,推进镇江优秀传统文化进高校,让更多在校学生认识镇江、热爱镇江、融入镇江,开创名城名校交相辉映新局面,同时助力镇江"跑起米",镇江市开展了"致敬镇江·经典传诵"大学生诗词大会系列活动。

大学生诗词大会系列活动包括镇江诗词系列专题讲座、微信公众号

诗词推送、镇江诗词抄写打卡大赛、诵读大赛、诗词大会等。其中"镇江经典诗词诵读大赛"由江苏大学文学院承办，活动面向所有在镇高校大学生。

诵读大赛以《镇江诗词一百首》《诗词里的镇江地名》为题库，要求参赛者以视频诵读的形式提交作品。活动一经推出，各校纷纷响应，提交了许多优秀的作品。在北固山、金山湖、西津渡等镇江文脉之地，江大学子身穿汉服，现场朗诵一首首传诵千古的镇江诗词：北固山上慷慨高歌辛弃疾词《南乡子·登京口北固亭有怀》，金山湖畔深情吟诵张若虚的《春江花月夜》……回味唐风宋韵的佳句，讴歌镇江千百年来的城市荣光。来自全国各地的在镇大学生，通过诵读诗词抒发家国情怀。

◇ "篆"动人生　"刻"望幸福：传承篆刻艺术，建设校园文化

篆刻是汉字的艺术，在我国拥有悠久的历史，早在秦汉之际就已奠立形制，已经在实用中兼有审美价值。汉代，印章篆刻迅速发展，帝王印称"玺"，其余称"印"。之后，在印学史上形成了"印宗秦汉"的

说法。宋元以后，文人兼"篆"与"刻"于一身，而在此之前往往是"篆""刻"分离。明清之际，名家辈出。文人的参与，既注重将个人的情感体验、审美趣味融入其中，又在客观上增强了篆刻的艺术性，使其成为诗、书、画合一的艺术形式，往往能直溯文字渊源，旁通书、画之理，是"跨艺术的艺术"。

随着传统文化的复兴，篆刻艺术也随之回归大众生活。"大众篆刻"的理念，正是李岚清同志多年的实践追求。他一方面坚持"印言美，印言志，印言情，印言趣，印言事"，另一方面则积极推动篆刻艺术走出象牙之塔，走进时代，走进现实，走进大众。为此，2011年他将自己多年的篆刻作品结集出版，这就是《大众篆刻——李岚清篆刻书法艺术作品集》，彰显了自觉创新的艺术追求和"大众篆刻"的艺术理念，正如题记所说"让篆刻艺术跟进时代步伐，贴近大众，走向现实生活，雅俗共赏，更好地传播中华优秀文化"。这一倡导，也鼓舞我校积极推广篆刻艺术，着力打造独具特色的江大校园文化。

江苏大学始终将篆刻作为校园文化的重要组成部分，创立梦溪印社，印社印稿、教学研讨曾编入1993年版《中国印学年鉴》。党的十八大以来，以习近平总书记为核心的党中央高度重视弘扬、发展与创新中华优秀传统文化，多次强调中华传统文化的历史影响和重要意义，并赋予其新的时代内涵。结合李岚清同志关于推广与普及篆刻艺术的意见，我校成立了篆刻艺术研究会，组建了教职工篆刻艺术协会、大学生篆刻艺术社团和浮玉印社，并成为镇江地区篆刻艺术推广示范点。

江苏大学健全完善篆刻艺术推广机制，始终坚持"古为今用、推陈出新，有鉴别地加以对待，有扬弃地予以继承"的方针，推动篆刻艺术的创造性转化与创新性发展，引导师生树立和坚持正确的历史观、民族观、国家观、文化观，增强作为中国人的骨气和底气，增强中国特色社会主义道路自信、理论自信、制度自信、文化自信，既继承了优秀传统文化，又推进了特色校园文化建设。

学校增设"篆刻作品欣赏""篆刻艺术"等专业选修课，并将其纳入艺术类专业培养计划；开设专题讲坛，邀请篆刻艺术名家和爱好者进行系统讲授。在校园网、微信、校报、电视台等开设专栏，制作专题，积极推进篆刻艺术文化传承；鼓励学生参加各种形式的篆刻创业大赛，给予相应的创新学分；支持在校学生组建从事篆刻艺术的创业团队，入驻校内创业孵化基地，加大项目开发、产品市场化等扶持，推动篆刻艺术推广与创业教育紧密结合。江苏大学篆刻艺术研究会负责全校篆刻艺术推广工作的组织领导，设立专项经费用于购买创作材料和用具等，并为相关篆刻社团提供专门办公场所和必备工作条件。

学校还经常邀请名家来校做专题报告，将"推广篆刻书法、篆刻印章等篆刻作品"项目列为学校大学生创业孵化基地重点展示项目；在校报开设"篆刻园地"专栏，推出李岚清同志印章赏析；校电视台与镇江电视台合作，开辟栏目讲述江苏大学金石可镂创业团队的创业故事；等等。"非物质文化遗产——篆刻艺术的研究与推广"获评国家级大学生创业创新项目。

借力篆刻艺术丰富校园文化内涵，江苏大学师生在长期推广篆刻艺术的同时，不断受到中华优秀传统文化的熏陶，升华了思想境界，也推动形成了独具特色的校园文化。

◇ 中国科学报：江苏大学让学生"动起来"　让文化"活起来"

在江苏大学公共选修课"戏曲鉴赏"的课堂上，会计学专业学生庄婉颖体验了一把《西厢记》中"红娘"一角的全套装扮。"包头、吊眉、贴片子、戴水钻头面……整个化妆过程耗时近一个小时。"虽然头套很紧，戴久了头很痛，但变身为"角儿"的庄婉颖难掩兴奋，"这个经历太有意思了，看着镜中的自己感觉精神头都不一样了。"

文化是养成、浸润、升华。只有符合青年的趣味和审美，实现有青春气息的文化育人，才能源源不断地把优秀文化输送到学生面前，实现文化育人的根本目的。

近年来，作为一所具有农机特色的综合性大学，江苏大学始终坚持人文精神与科学精神相统一、传统文化与时代精神相结合，本着让学生"动起来"、让文化"活起来"的理念，充分运用沉浸式、体验式教育新模式，实施文化育人工程，让优秀大学文化在学生心底牢牢扎根。

借力传统文化"圈粉"

文化是活的生命。校园文化的生命力也在一个"活"字上，只有形式活泼、内容灵活的文化育人才能真正调动学生的主动性与积极性。

事实上，江苏大学的学生对戏曲向来不陌生。学校大礼堂每年都有校外职业剧团上演经典戏曲剧目，校内也有戏曲社等艺术社团，学生可以自发排练、表演。2020年，为建立艺术传承发展的长效工作机制，持续开展"戏曲进校园"活动，学校与镇江市艺术创研中心合作成立"戏曲传承基地"，定期邀请大师团队进校开展精品戏曲欣赏、经典戏曲教学、戏曲展示交流等活动。

2019年获第十四届全国高校京剧演唱会二等奖的杨学超已在校园里小有名气，加入戏曲社以来，杨学超参加了大学生艺术团年度汇演、中外文化交流夏令营、国际文化节、社区戏曲公益讲座等各类校内外演出近20场。从一名"零基础"戏曲爱好者成长起来，走近戏曲、爱上戏曲，杨学超说："希望能够和同学们一起分享国粹之美，争取在校园里让传承国粹的火燃得更广、更旺。"

江苏大学还通过制定实施《江苏大学关于进一步深化"三全育人"综合改革加快构建思想政治工作体系的实施意见》等措施，将美育教育全面纳入人才培养体系，凭借美育专业课程，中华优秀传统文化、中华艺术进校园，艺术展演等形式，将研习赏析与文化传承相结合，更好地形成"以文化人、以美育人"的艺术教育新格局。

多元文化思辨中前进

一间间高大空旷的实验室、一座座精密繁复的试验台、一排排不同型号的农业机械装备……近日，在江苏大学菁英学院正式启动的"行走的课堂"上，来自全校20个学院、62个专业的150名菁英学员在校党委书记、菁英学院院长袁寿其的带领下，一同走进校园里国家水泵及系统工程技术研究中心、农机大院实验室等各类涉农"现场"。

不同学科专业背景的师生汇聚一堂，如何实现育人实效最大化？学科有界，文化无界。多元文化交流也许正是促进深度融合最好的"黏合剂"。

"作为一名文科生，虽然对排灌机械、智能农机等前端科研并不了解，但看见实验室中大大小小的实验设备，以及实验人员忙碌的身影，便深切感受到每一项科研成果的取得都是他们汗水和智慧的结晶。"文学院学生谢曜宇感叹地说。

除了促进学科多维度融合，江苏大学还从特色项目出发，让浸润特色文化的"一院一品"校园文化精品项目，同样成为打造多元校园文化的重要方式。

机械工程学院聚力培养工科"读书郎"、农业工程学院厚植"知农爱农为农"情怀、药学院大力弘扬"药文化"……今年，全校20余个学院按照"一个学院，一个特色，一个精品"的思路，创建了各自特色鲜明、亮点突出、富有生机和活力的院系文化，在促进校园文化百花齐放的同时，进一步推动了特色校园文化的发展和形成。

特色文化下践行时代使命

2020年秋收时节，一群身穿红马甲躬身割水稻的"农民"出现在江苏省黄海农场中德示范园。这些"农民"其实是农业工程学院的学生，埋头收割的他们正和农场的联合收获机进行着一场水稻收获竞赛。

"看着收获机5米多宽的'铁嘴'一口一口吞掉水稻，确实特别震撼。"从小在城市长大、从未下过田地的本科生刘子荣说，"千学不如一看，千看不如一练。亲眼见识到农机技术的先进性，让我对未来从事农机事业充满了信心。"

这是一节开在田间地头的劳动大课，也是一节开在学生心上生出"知农爱农为农"情怀的育人大课。根植于深厚的"农"字特色和历史底蕴，江苏大学正在大力推进"095工程"，着力强化全校范围的"知农爱农"文化建设。

"我为什么始终热爱我的学校？这是我曾经奋斗、战斗与坚守的地方。"当下，校园里一支由2名中国工程院院士、6名退休教师、10名涉农学科的优秀师生代表组建而成的"知农爱农，强农兴农"师生宣讲团正带着他们的故事，深情讲述着他们的爱国情怀、江大情怀和农机情怀。当学习不再局限于课堂、书本，甚至校园，学生得以用脚步丈量世界，以真心触摸历史，知识与文化终将重新跳动、组合与丰富。

初心如磐，使命在肩。面向未来，江苏大学将继续全力以赴，紧随国家发展步伐，大力实施文化引领战略，锐意创新文化育人体系，培育具有农机特色的一流大学文化，真正让文化"活起来""火起来"。

（《中国科学报》2020 年 11 月 24 日 6 版）

第二节
科技强国　吾辈担当

◇　科技力量　创新无限：全国大学生智能农业装备创新大赛

亮点一　重实用，求创新，专家大咖企业家齐聚江大

江苏大学本着培育热爱农业装备的创新型优秀科技人才的宗旨，举办了本次以"现代农装，创新科技"为主题，以实际可行性为评价准则的全国大学生智能农业装备创新大赛。

比赛采用 A 类作品展示型竞赛和 B 类竞技组比赛双轮赛制，邀请到了中国工程院院士、华南农业大学教授罗锡文先生，中国农业机械流通协会信息咨询部副主任苑同宝作为专家代表指导活动，安徽农业大学工学院曹茂成院长等十余人作为评委参与活动。依据可行性、创新性、科学性、实用性、成果展示及现场答辩为主要评分细则，最终评选出了 A 类本科生组南京农业大学"面向农情信息采集的小型四足柔性机器人"、研究生组西南大学"磁力轮式塑料大棚棚顶清洗装置"，B 类"田间行走机器人（16 号）"等特等奖作品 15 件，一等奖作品 45 件，二等奖作品 92 件，优秀奖作品 139 件。

江苏汇智知识产权服务有限公司代表王磊表示，本次比赛不仅给予了他们发掘创新产品的动力，智能温室大棚、水稻秧苗运输机等作品也为他们未来的创新活动拓展了新思路，同时他们也看到了新一代大学生的创新能力。

亮点二　大学生扎根实践，奇思妙想搞创新

"随着近些年来科技的发展和国家的大力支持，我国农业现代化取得了长足发展，但距离国际高水准还是有一定的差距，从根本上讲是因为掌握高科技知识的创新型人才的缺乏。"罗锡文院士这样评价我国农业现代化现状。

在 A 类展示型竞赛过程中，展出的作品从龙眼快速烘干机到智能温室大棚，涉及农业生产的方方面面。佳木斯大学机械工程学院代表队的作品是水稻秧苗运输机，领队农机工程系主任张阳解释道："黑龙江地区水稻种植面积非常广，水稻插秧过程又十分辛苦，目前的劳动力状况已经难以满足种植需要，因此我们研发这个水稻秧苗运输机，想以此代替人工精确完成运输及插秧任务，同时做到不伤害田埂。"目前已经有几家与会企业表示愿意赞助该团队的机器设计完成作品，希望达成合作。

B 类竞技组比赛要求参与各组设计制作的机器人在田埂里模拟跨越规定障碍，最终根据机器人的创新力度、跨越障碍的精确程度和速度，以及灵活性等表现进行综合评价。来自山东农业大学机电学院的大二学生张同星的团队大胆打破传统，采用自主设计的新型显示板来调试机器人，实现了准确的控制，给观众留下了比较深刻的印象。

本次大赛在评选出一定的具有创新性和务实性的农业器械的同时，也发现了一批有潜力的热爱农业装备的优秀大学生。罗锡文认为要更好地发展我国的农业现代化，提高学生的自主创新能力，就要引导学生自己去思考、自己去动手、自己去创新。"建议给对农机真正感兴趣的同学更多基层实践的机会，因为对基层生产的亲身体会有利于明确社会需求、确定研究和发展的方向，从而使学生更加准确地指向我国农业装备行业最核心的需要，推动我国农业机械化信息化发展。"

亮点三　在实践交流中推动农机发展，获奖不是最终目的

本次活动中，聚集了很多基础知识功底深厚且很有想法的同学。来自沈阳工业大学信息与电气学院的大三学生刘阳的团队带来的作品是智

能温室大棚。据刘阳介绍，他们设计这个作品的初衷是让互联网与计算机的优势在农业装备上发挥作用。通过计算机的精准性监测温室大棚的动态变化，再通过网络将数据传输到控制终端进行统计和分析。刘阳感叹："因为技术的不成熟和设备的局限性，目前的智能温室大棚信息传输只能实现近距离监测，距离推向农机市场达到广泛使用还有很大的努力空间。虽然现在困难重重，但是评委老师的赞赏和企业代表的鼓励让我们团队信心满满，坚定了要坚持下去的决心，直到智能温室大棚能够真正投入使用、造福大众为止。"

安徽农业大学工学院曹茂成院长也认为："虽然在本次活动中出现了很多设计新颖、具有一定实用价值的产品，但是目前比赛中呈现出来的大都是理论状态。从理论、实验到真正投产、推行、使用，还有很长的路要走。希望与会的大学生能够继续发扬其创新精神并努力加以实践，以推动我国农业现代化的发展。"

校长袁寿其也明确表达了继续加大学校教学理念与方法的创新力度、积极为推动农业装备行业发展献力的决心："我们将努力调整农机专业的课程开设情况及农业装备方面学生的培养方案，尽可能地为国家农业发展、经济建设提供最大的支持！"

（王璇　武慧文　王梦辰）

◇ 环球合作　共同进步：中日韩大学生创新设计大赛

创新是一个国家兴旺发达的不竭源泉，也是中华民族最鲜明的民族禀赋。"大众创业，万众创新"成为当下时髦的理念。2015 年 12 月 21—22 日，"2015 年中日韩创新应用研究教育国际会议暨大学生创新工程设计竞赛"在江苏大学成功举办，由我校工业中心具体承办。

群英会聚　学术争芳

如何让不同国家的专家在学术上建立联系？如何让一个产品融合不同的专业知识？这是会议最初的探讨点。"培养创新人才需要学生更早地迈入实验室，通过实验研究来发现问题，解决问题，甚至优化问题的解决方案。"来自重庆理工大学的陈国明交流了自己的工作经验，而与之持有相反观点的日本教授江仲伟则担心过早地进入，会囿于专业知识的欠缺、思维能力的不足而不能取得很好的效益。

低成本、高效率、安全性、合理的空间利用率成为创新工业设计竞赛的焦点。"传统的假肢在材料和制造工艺上更为复杂，而我的产品使用了 3D 打印技术，选用的材料是塑料，这就让残疾人在价格上能够接受。"来自韩国汉阳大学的 Sebin Lee 自信地说。参赛选手耐心地给评委及参观者分析数据，阐述原理，并通过视频直观地展现作品的工作场景。与此同时，现场的作品演示让人大开眼界。飞行器模型在空中轻盈地飞翔，机器人巧妙地绕过障碍，智能手机 APP 让 LED 灯面板随心所欲地变换着颜色和形状。"这个活动跨国界、跨专业，但不同的专业又存在连接点，医疗设备需要机械行业的支持，机械设备又少不了电子信息控制。"江苏大学工业中心主任刘会霞教授指出，ICIARE 和 CEDC 是暑期创新工程设计项目（SPIED）的延续，旨在为学生建立跨国、跨专业的合作与交流平台，共同提升工科学生创新能力。

他山之石　可以攻玉

"你不能复制别人的成功，但绝对值得学习成功的经验，通过跨国界、跨学校的交流，你多少都能从别人的项目设计过程中获得启迪，哪怕是研究不同课题。"这是来自烟台大学的王娇老师的感受，通过将自己当前在减震方面的研究由传统的单一材料转向为硬涂层材料与叶片结合的复合材料的尝试，就使得材料增大了阻碍作用，在很大程度上起到了减震效果。交流本身就是一个学习的过程，王娇谈道："来自东北大学的代表团队与我研究的领域相似，这就在研究建模上给了我启发，他们采用的板模型代替了通常的梁模型来模仿震动，这就在只能研究弯曲的基础上引入了对扭转震动的研究。"

本次展示的作品大致分为机械制造、医疗设施、智能设备。单单从时下流行的 3D 打印技术出发，来自中日韩的三支队伍选用了相同的技术却分别用在了雕刻机、智能机器人手臂、医疗康复装置上，通过交流，对如何寻找产品与社会需求的切入点具有指导意义。"答辩交流可以直接让学生们拓宽对灵感来源、研究方法、设计理念等多方面的认知。"
来自韩国群山大学的教授 Hwang Jae-Jong 强调，经验一方面来源于自
我的经历总结，另一方面也在于对别人的成果的学习。

创新无国界　开拓正当时

无论是精致轻巧的身体检测仪，还是灵活自如的机器人旅行车，每
一个产品都泛着十足的创新气息。"中日韩三国学生设计的基础理念都
是创造更好的生活，但在这些共性上也各有侧重，中国学生主要侧重于
实用性较强的产品设计，日本学生的创新更偏向于人性化，而韩国学生
的创新往往比较发散。"江苏大学工业中心的孙智权老师分析。中国学
生往往会设计一些比较复杂的重型机械，比如油污清理船、跨障碍能力
强的智能汽车。而日本学生侧重于康复治疗，如通过高度、角度分析，
设计出康复椅，让偏瘫的人在对着镜子训练时产生自己是正常人的错觉，
从而形成极好的心理暗示。相比之下，韩国学生的创新往往立足于生活
细节，如夜间骑自行车可以通过仪器在地面投射速度、障碍等信息来提
示减速。

近年来，江苏大学创新创业工作步伐不断加快，不仅设立了创业孵
化基地等实践载体，还围绕这些载体前后都做了大量延伸。创业模拟实
训、SYB 培训等专项集训从不同角度拓展和提升了大学生的创新创业思
维；"星光杯""赢在江大"等竞赛活动层层遴选出具有良好创新技能
或创业项目的大学生；双导师制、精准性帮扶等工作机制实现了对创新
创业精英的优生优培。实践载体的后续延伸是帮助市场前景比较广阔的
团队引入风投资金等社会各界资源，推进孵化运营情况比较良好的项目
入驻校外与政府共建的孵化器进行深度孵化。"学生们既要充分依托前
人的基础开拓创新，也要学会积极开拓未知的创新创业领域，探寻蓝海、
敢为人先。"学校学生就业指导与服务中心副主任任泽中认为，将创新
创业融入专业教育、素质教育、职业教育，提供多平台的互动交流是创
新创业人才培养的必然举措。

（邹仁英　郑菁菁　陈思宇）

◇ 科研筑梦　成就传奇：江大"90后"学术牛人

他是一名普通的本科生，平凡朴素，没有夺人眼球的外表；他是一名特殊的本科生，年纪轻轻，却已在物理学研究领域崭露头角。他出生在一个普通农民家庭，大学四年，他用自己的肩膀挑起了对科研梦想的追求；他本科尚未毕业，却已达到博士毕业的全部要求，三年内以第一作者发表三篇SCI二区学术论文，其中一篇发表在物理学顶级期刊 *Applied Physics Letters* 上，实现了一个平凡理科男的华丽逆袭。他，便是理学院物理学（师范）专业2012级本科生夏建平。

从"科研小白"到"学术牛人"，夏建平一步步把大多数人眼中的"不可能"变成了现实，正如理学院党委副书记、副院长李医民所说："他为大学生的本科生涯寻找到了另外一种可能！"

研究物理就像玩一场智力游戏

在物理实践楼一间小小的实验室里，两排桌子相对排开，桌上摆放着电脑和各种实验仪器。晚上9点的实验室并不冷清，在不少伏案的身影和键盘的敲击声中，记者见到了夏建平。浓黑的眉毛、低垂的单眼皮，说话清晰而有条理，言语中带着常人难有的风平浪静。

"我觉得它很有趣。"在采访过程中，数次听到夏建平如此描述物理。对于他而言，物理就像一颗诱人的糖果，吸引他不断深入去研究。最初，夏建平研究的是"声学单向传输"，数次模拟之后，他发现研究的金属柱状体出现了意料之外的聚焦现象。"他认为，这是一个很有意思的现象，值得继续研究，一般的同学，可能也就放弃了。"夏建平的导师、理学院孙宏祥清晰地记得当时夏建平兴奋地告诉他："我想研究这个声学聚焦，这很有趣！"

在夏建平眼里，无论是从"声学单向传输"转入"声学聚焦"研究，还是做直角坐标和柱坐标的等效介质模型；无论是将"声学聚焦"应用于黑匣子探测的研究，还是应用于肿瘤细胞切除的探索，都是很有意思的事情。"这种从无知到有知、深知的历程就像玩一场智力游戏，不断过关斩将。通过实验提前告诉人们未知的东西，这样的感觉妙不可言"，夏建平如是说。对于他而言，物理的世界就像浩瀚无垠的深海，每时每刻都有令人心潮澎湃的浪花。

2015 年，他的研究开始开花结果，第一篇以第一作者发表的论文《基于金属圆柱结构的声聚焦效应》发表在 *Applied Physics Letters*，该刊是 SCI 二区期刊，影响因子达到 3.303。"对于本科生来讲，这几乎就是一个奇迹。"他的学业导师王国余告诉记者。

坚持，让科研之花一路绽放

"论文无须任何修改就可以直接发表，如此简单的模型竟能做出这么好的效果。"这封凌晨 2 点来自美国的邮件让夏建平至今记忆犹新，这是他第一次在声学领域得到国际同行的肯定。然而，在这篇优秀的处女作背后，不为人知的是他坚持不懈、徒步摸索的漫长历程。

2014 年，他被选拔进入孙宏祥老师的课题组，开始接触声学超材料的研究。当时，夏建平还是科研"门外汉"，他和导师共用一台老式电脑，开始了科研之路。从那以后，熄灯后才回到寝室成为夏建平的生活常态。当时，为了让金属柱状体声波聚焦到一个点上，夏建平不停地改变频率，观察聚焦点个数，将所有时间耗在了"声学聚焦"上，记录聚焦点成为他半年来的"一日三餐"。"频率之间的量级通常是 10^6，而可能聚焦为一个点的最佳频率就相差 20Hz，必须不断扫描各种频率，来验证某一频率是否能够聚焦到一个点，这个工作量耗时巨大。"导师孙宏祥告诉记者。从最初 8 个聚焦点，到 3 个月后的 6 个点，再到 2 个月后的 2 个点，在尝试了无数次失败的聚焦之后，夏建平终于成功将金属圆环的频率聚焦到 1 个点上。整整半年，他埋头在电脑上模拟、推导，沉浸在物理的世界，甚至忘记了时间的流转。"做实验做得兴起了，他就跟'着了魔'似的，一待就是整整一个通宵。"课题组葛勇老师对夏建平印象深刻。

"条件差，可以通过资金解决；知识缺，就让人很棘手。"夏建平谈道。他所研究的声学超材料，需要阅读大量的国外文献。"读英语论文，简直比登天还难。"夏建平打趣说，"最开始我宁愿花 10 个小时上机模拟，也不愿意花 1 个小时阅读外国文献。"但为了了解最前沿的学术知识，他决心把英语这块"硬骨头"啃下来。从此，夏建平每天早起读英语，阅读大量英语文章，看不懂的就翻词典、请教老师同学……坚持了大半年，他基本能顺利阅读外文论著，并进行论文写作。在他的桌面上，摆放着一篇 20 多页的英文论文，单词注释密密麻麻地挤在每一页的空余边角，透过这些依稀可以看到他最初的状态。"夏建平不是我们课题组里英文水平最高的，但他是目前唯一能够跟上我的节奏，阅读英文资料的同学。"导师孙宏祥打心眼里为这位后生竖起了大拇指。

坚持，让夏建平的科研梦想之花一路绽放。继第一篇 SCI 论文之后，夏建平又陆续在 SCI 二区期刊 *Applied Physics Express* 上发表学术论文两篇。此外，他还在 *International Journal of Thermophysics*、*Applied Physics A*、《南京大学学报（自然科学版）》上各发表论文一篇；3 项技术申请了国家发明专利；在教育部第八届全国大学生创新创业年会上获评优秀论文；主持并结题 3 项大学生科研项目，其中一项为国家级创新项目。

创新，是最大的快乐

"他是一个很有想法的学生，思维能够在不同东西之间穿梭交叉，实现升华创新。"几乎每一位跟夏建平有过接触的老师都有此印象。

2014 年，夏建平正在思考《基于金属圆柱结构的声聚焦效应》这篇论文的创新点。此时发生的马航 MH370 事件引起了夏建平的关注，他开始琢磨"声聚焦"能否用于黑匣子探测。他尝试把模型置于水中，变化外部的海水声学参数。"数次模拟下来，我发现海水密度、温度、声速的改变，不会影响聚焦现象的产生，这就意味着只要模拟出黑匣子的声波频率参数，在海水里进行聚焦，就可以检测到黑匣子的位置！"这一发现让夏建平兴奋不已。有了这个创新点，他并没有停止下来。在浏览超声波治疗肿瘤的相关知识之时，他发现超声聚焦的对象是整个肿瘤病灶，杀死癌细胞的同时对正常细胞也会造成损伤。"我当时就想，我是不是可以利用聚焦效应，根据正常细胞与癌细胞对声波的不同反应，对癌细胞进行精准杀灭，从而在细胞水平上对肿瘤进行治疗。"夏建平敏锐地捕捉到这一前人没有研究过的领域，进行了基础理论研究，并与同济大学联系开展了相关的实验论证，成就了他的第二篇高水平论文——《基于金属圆柱结构声聚焦效应的实验与理论验证》。

"根据我自己发现的物理现象，去研究它在未来可能有什么用处，这样的创新让我感觉很快乐。"夏建平在科研的道路上尝到了甜头，找到了乐趣，并"一发不可收拾"，第三篇以第一作者身份发表的 SCI 二区源刊论文——《基于金属圆柱结构源重建的声异常透射效应》随即问世。

在创新的道路上，夏建平不仅自己一头扑了上去，还带领团队的同学一同领略这条道路上的别样风景。"网格的建立不是越细密越好，要根据参数来！""传统的方法计算很麻烦，可以通过编程来运算。"这些经验他常给刚进组的队员念叨。实验伙伴黄玉磊一直记得，夏建平经常带着他们设置参数、调试模型。课题组成员经常聚在一起进行研讨，很多研究方向就是在这样一次次思维碰撞的过程中被激发了出来。

4 月的江大，春意盎然，转眼间，毕业季已悄然到来。今年，夏建平已经大四了，醉心科研的他选择了留校读研。"我在开始尝试'声量子拓扑效应'的研究，这是一个我之前从未涉足的领域，我想在这个领域也能有我们江大的声音！"这位普通的农家男孩，在科研的道路上焕发出了属于他自己的光彩，并且还将在这条道路上继续快乐地走下去。

（钰林　邹仁英）

◇　生活日用　触发灵感：江苏大学学生设计概念汽车获大奖

由中国汽车工程学会主办的第六届"中国汽车造型设计大赛"在江苏常熟圆满落幕。"中国汽车造型设计大赛"是目前中国汽车造型设计领域规模最大、最权威的国家级专业赛事，是对汽车企业自主设计、自主研发能力的认可，也是鼓励和培育汽车设计师的摇篮。本次大赛以"智能与生命"为主题，来自全国 18 个高校的设计专业的学子进入决赛，最终江苏大学王琦、刘江波、周杰的作品"Almighty Flexible"获得了汽车设计创意竞赛的最高奖项——"圆点奖"特等奖。

　　获得特等奖的"Almighty Flexible"的主创人员之一是我校工业设计专业大四学生王琦，她设计这款概念车最大的灵感，竟然来自电影《金刚狼》——"电影中出现了一种由许多单体组成的躺椅，这种躺椅的单体可以由人的意念对其进行支配，从而帮助瘫痪病人完成各种活动。"由此，王琦联想到这种单体也可以运用到汽车的轮胎设计上，通过智能采集路面信息，将采集到的信息汇总到云端，把处理过的信息反馈到汽车上，汽车对这些反馈回的信息进行分析，通过伸缩组成汽车轮胎的单体，从而使轮胎随着路面的实际情况改变其形状，实现"全地性"。

　　"Almighty Flexible"获得特等奖的同时，还获评了最佳模型效果奖。"仿生"元素与汽车结合在一起，是她设计的一大特色。爱好发散思维的王琦在赛前准备时阅读了大量的相关资料，其中 2013 年荣威以蚂蚁的身体构造为灵感设计出的概念车摘取了当年洛杉矶汽车设计挑战赛的桂冠让她印象深刻。"那款概念车名叫'蚁族'，而'蚁族'这个词经常与'蜗居'联系在一起，用来形容当代白领的一种生活状态。"由此王琦受到启发，联想到以蜗牛为仿生元素设计一款车。巧合的是，蜗牛软性的爬行方式恰恰体现了王琦设计概念车的最大亮点——全地性。

　　蜗牛外壳保护肢体这一生命特性也被王琦应用到了汽车的外形设计中：汽车坚硬的外壳可以像蜗牛的外壳那样保护车内的生命；而汽车的底盘及轮胎则采用了与蜗牛躯体相吻合的柔软曲线。这样的软底盘、硬车舱的造型颠覆了传统汽车硬底盘、软车舱的设计，被评委评价为对汽车设计的新尝试。

　　王琦学的是工业设计交通工具方向，在这个专业学习，熬夜是家常便饭。王琦说自己从来没有在晚上 11 点之前休息过，但是，设计带给她的成就感是其他任何事情都没法比拟的。"好的作品就像是自己的孩子，特别是看到自己的设计从图纸变为实物，这种感觉美妙无比。"王琦说。

（谭璐）

第三节
活力四射　青春江大

◇ 飒爽英姿　别样风采：江大运动会

江大一年一度的运动会，是刻在每一个江大人青春校园记忆深处的，不可缺少的活动。

跳出活力　跳出快乐

"命运就算颠沛流离，命运就算曲折离奇……"随着一曲《红日》在操场上空动感响起，一群身穿蓝色露脐装，手拿折扇的健美操表演者踏着音乐走进观众的视野。她们有力地挥臂，欢快地随曲而舞。来自外国语学院英语专业的大二学生陈欣轻轻打开手上的折扇，注意力高度集中。"在比较难的环节，我特别容易出错，害怕弄错下一步该打开哪种颜色的折扇。"陈欣有点紧张地说，"整场舞蹈很有活力，在观众看来我们很放松，但是要记牢这么多复杂的动作队形，真的不是一件简单的事。"

从10月份开始，健美操队开始集训。隔一天就要训练一次，每次早上从6：40开始练一个小时。"室友还没起床，我们已经赶到操场开始排练了。"陈欣说。早晨室外比较冷，排练的时候大家都不愿意伸出手来做动作，缩成一团。体育部袁洁就站在主席台上做示范，挺直腰，抬高腿，将每一个动作做到最好。这样的训练强度让陈欣感觉有些吃力。

在健美操表演中她们还需要不停地转变手中折扇的颜色，移动队形，慢慢围成五个大圆。"五个圆是奥运五环，象征着奥林匹克精神。"袁洁说，"为了排好队形，只要一人错了就全部重来，规定的时间内没到指定位置，就需要下次加快速度跑过去，同时不能忘记手上的动作。"训练很累，但是表演成功以后，她们收获更多的是感动。

不一样的趣味赛

和常规田径运动会项目不同，运动会中的趣味赛项目集健身、乐趣于一体，成功吸引了大家的注意。运沙包投篮、抱球跑、袋鼠跳、三人滑板竞速等趣味赛，为整个赛场增添了更多欢笑和不一样的色彩。在管理学院物流管理1602班的顾翔眼中，三人滑板竞速是他参加过的运动会项目中最有趣、最有意义的一项比赛。

"我们参加的是团体接力赛，三人一组，脚被绑在同一个踏板上，同时前进。"顾翔说，"这很考验团队的协调性和合作能力。如果只追求个人速度，就无法完成比赛。"在比赛过程中，顾翔小组中途出现了状况，另外一组女生由于速度过快、节奏不一致而摔倒。在周围观众的加油呐喊声中，她们重新爬了起来，调整姿势，继续前进。尽管速度慢了下来，但由于后面的努力，最终他们在离终点十米的地方赶超，获得了小组第一的好成绩。

这样反转性的胜利，让顾翔很开心。"比赛像游戏一样，参与其中并享受其中的乐趣，才是最重要的。"顾翔笑着说。

运动不分国界

赛场上，穿着运动服奔跑的外国友人是一大亮点。他们和中国学生站在同一条起跑线上，挥洒着汗水，争取着属于他们的荣耀。跑步，跳高，趣味赛，他们无所不能。在观众席位上，一群来自海外教育学院的学生手拿喇叭，扭动着身体，双手拍打着节奏，吹着属于他们的乐曲，为参赛的朋友加油呐喊。

来自临床医学五年制的加纳留学生 Bella 刚刚获得了女子 100 米决赛的冠军，她站在领奖台上举着奖牌，露出了灿烂的笑容。"刚开始的时候我很紧张，还因抢跑了一步被罚退回重新开始。"Bella 说，"但是后来调整好状态，慢慢赶上，在离终点 50 米的地方，从第四冲到了第一，我也不知道自己怎么会有那么大的爆发力。"Bella 不敢相信地捂住了嘴，转身激动地抱住了一旁的伙伴。

最近一个月，每天早上六点，Bella 就和队友起来训练，跑步，拉韧带。天气不好的时候，他们就在室内做拉伸，调整呼吸。"这是我得到的第一枚金牌，也是属于我们所有运动员的荣誉。"Bella 笑着说。

为期两天的运动会，在 11 月 5 日下午圆满落幕。赛场上，无论是海外留学生运动员，还是国内学子运动员，他们都诠释了江大人热爱运动、团结顽强的体育精神。失败抑或成功，运动赛场上的身影一直是最亮丽的风采。

（郑菁菁　钱加敏　王海燕　李晶）

◇ 点燃激情　奔赴梦想：江大"醉美"马拉松

春天，江大校园风光秀丽，垂柳飘舞、绿树婆娑、鲜花吐艳、山水相映，梅园、樱花园、园丁林、学子林等景色各异、众美纷呈。江苏省大学生马拉松联赛暨"醉美校园"江苏大学马拉松赛如期而至。2600 余名师生和校友用活力传递健康向上、朝气蓬勃和永不言败的运动精神，点燃校园激情，奔赴心中梦想，致敬党的百年辉煌。

运动是一切生命的源泉，马拉松不仅是一项体育运动，更是一堂内涵丰富的育人课程，其所蕴含的"生命在于运动""坚持就是胜利"等理念早已深入人心，成为宝贵的教育资源。颜晓红校长鼓励全体师生发扬"挑战自我、超越极限、坚韧不拔、永不放弃"的马拉松精神，展现昂扬的奋斗姿态和饱满的拼搏精神。

起点处，选手们元气满满，蓄势待发。这是一场速度与耐力的比拼。发令枪响，学校领导和师生、校友一起出发，跑起来，江大！热情绽放笑容，身姿彰显活力。大家相互鼓励，并肩奔跑，在欣赏沿途明媚春光的同时，也感受着运动带来的身心上的愉悦。

春天的温暖并着火热的心，只要跑起来就会有风，就会充满青春与活力。整条赛道串联梅园、樱花园、园丁林等多个地标，选手们奔跑在"醉美"的校园。及时补充能量只为跑最远的路，做到最好的自己。即使气喘吁吁、大汗淋漓，也要全力以赴、奋起直追，珍惜每一分、每一秒。江大马拉松的终点处早有等待多时的工作人员，他们贴心地备好了衣物和矿泉水，加油助威声也此起彼伏。在临近终点一百米的时候，运动员们虽然早已筋疲力尽，但必胜的信念和不言放弃的精神激励着每一位运动健儿，他们迈着坚实的步伐奔向属于自己的成功。

江苏大学新媒体中心　供图

选手们跃动在校园赛道中，在奔跑中尽情享受运动的快乐，充分展现江大师生朝气蓬勃、奋勇担当的精神面貌。不只赛道上精彩，赛道外也有其他美好瞬间。一张张灿烂的笑脸，是志愿者和啦啦队……留个影吧，今年春天，江大校园我跑过啦！

让我们一起加油，让身体更健康，让全民健身成为一种生活方式，让江苏大学更文明奔放。

江苏大学新媒体中心　供图

◇ "舞"光十色　跃动青春：江大星期六活动

新的学期开启新的希望，新的空白承载新的梦想，拂去岁月之尘，让欢乐和感动，迷茫和哀愁在心中凝成一颗厚重晶莹的琥珀。"江大星期六"是江苏大学每周五晚的一项传统活动，每周由不同学院的师生策划，力求创新，将学院特色融入江大星期六活动。

江大星期六活动给江大学子们提供了一个平台，丰富着同学们的课外娱乐生活，提高了综合素质，培养其积极向上的进取精神，为同学们创造了更多的交流机会。

在传统的兔子舞开场后，同学们便开始了各种充满趣味的小游戏，例如背对背夹球和爱的抱抱等。随后，动感十足的音乐将活动推向了高潮，同学们随着音乐的节奏开始尽情地舞动。有时天空中飘着细雨，有时空气中弥漫着闷热的气息，但都浇灭不了同学们的热情。中场休息时的节目燃爆全场，旱冰协会的同学们展现了他们的高超技艺，原创音乐社的

同学们那动听歌声引得全场阵阵欢呼。短暂的中场休息结束后，越来越多的同学按捺不住内心的兴奋，又继续跟随音乐，踏出了自己的青春舞步。音乐的节奏带动着在场的每个人，同学们都在尽情地释放自己，生动地诠释了"舞光十色，跃动青春"的含义。

当最后一支舞曲响起，同学们一起将气球踩爆，江大星期六活动在一片欢声笑语中落下了帷幕。每位同学的脸上都带着灿烂的笑容，一周的疲惫仿佛都伴随着音乐烟消云散，大家得到了全身心的放松。

江大星期六活动通过舞蹈既让同学们锻炼了身体，放松了心情，又借此机会促进了同学们彼此之间的交流。希望江大星期六活动可以让更多人参与其中，共同享受青春的乐趣。

◇ 无悔青春　最美身影：江大艺术团

大学生艺术团也是江大的一大特色，为学校赢得了多项荣誉，2020年江苏大学在江苏省第六届大学生艺术展演活动中取得了 2 项特等奖、2 项一等奖、7 项二等奖、14 项三等奖的好成绩，全体参赛老师和选手4 个多月的艰辛付出都有了最好的回报。

新冠肺炎疫情期间，艺术团比赛迫在眉睫，训练又受限，只能线上训练。所有人打开视频，在各式各样的空间里，认真地学习每一个动作，反复地跃起、卧倒。正常开学之后，队员们废寝忘食地训练，正如来自文学院的老队员边琴的自白："哪怕是简短仓促的一个小时，我们都要珍惜。训练一次需要带两套衣服，因为训练服很快就会被汗水浸湿，舞鞋也磨破了好几双。我们必须争分夺秒，可能长达数小时的训练只有一次短暂的休息，我们总是在这 5 分钟内冲向墙角，抓紧时间补充水分。有时晚上 10:40 结束训练，我们边跑回宿舍边攀比谁膝盖、脚尖上的瘀青更多。我们把自己想象成学校光荣的小战士，把自己代入舞蹈中勇敢无畏的疫情逆行者。因此 20 多个女孩一直在拼命训练，没人抱怨辛苦。"

这次的参赛作品是《在一起》，依据江苏大学附属医院几位出征武汉抗疫医护人员的真实事迹改编，讲述一群人为了大爱离开家庭，用自己的生命义无反顾地为千万家筑起防线的故事。舞蹈的最后一幕是所有人笑着后退挥手，像那些援鄂医护低调退场时一样。24 个女孩最终漂亮地站在打着炽热灯光的舞台上，通过舞蹈动作再现了一遍临危受命→争分夺秒→淡然退场的援鄂之路。音乐停止时，演员们自己在台上

2021年江苏大学大学生艺术团汇报演出

江苏大学新媒体中心 供图

哭出了声，复杂沉重的感情浸染了现场每个人。最终作品获得了二等奖，彰显了拼搏和自强的江大精神，奏响了"嚼得菜根，做得大事"的历史回声。

第四节
涓涓细流　汇聚成海

◇　一方有难　八方支援：江大志愿者在行动

"请党放心，抗疫有我！""出发，去祖国需要我的地方！""保证完成任务！"最近这几天，江苏大学师生的朋友圈被数百名师生志愿者连夜出征支援南京的消息瞬间刷屏。

2021 年 7 月 25 日，南京市将开展第二轮全市全员核酸检测，对全市常住人口、来宁人员做到应检尽检、不漏一户、不漏一人。为支援南京核酸检测任务，急需医学专业背景的学生志愿者。接到通知后，江苏大学紧急研究、迅速部署，向医学院、第一临床医学院、药学院招募志愿者。短短两个小时，学校先后完成两批核酸采集师生志愿者召集工作。24 日当晚，共计 611 名师生志愿者整装出发，赴南京市雨花台区、鼓楼区支援。

此外，江苏大学附属医院的护理人员，也于 25 日赴南京市玄武区新冠肺炎病毒核酸采样支援。

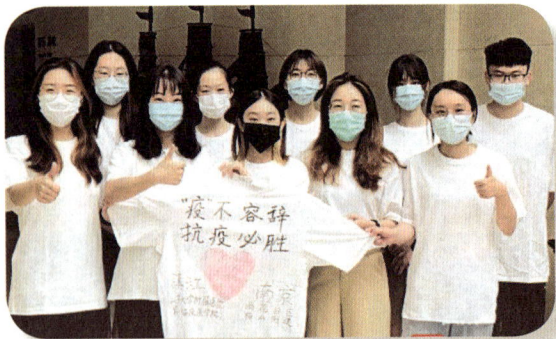

"在收到学校紧急招募志愿者支援南京消息的那一刻，'健康所系，性命相托'的医学生誓言真切地回响在耳边！"江苏大学医学院研究生蔡玥说，"我是医学生，我要上，我是

党员，我更要上！"

记者还了解到，在师生志愿者到达南京的第一时间，各志愿者小组党员负责人便成立了临时党支部，指导各项工作。

被选举为江苏大学志愿者南京雨花台区铁心桥街道临时党支部的支部书记、医学院带队老师李永金告诉记者："身为一名党员，就是要在支援工作中发挥领头羊作用，在注意自我安全防护的同时，也要学会保护身边的同学，及时发现防疫工作中的薄弱点，完善工作方案，共同协助完成抗疫任务。"

心中有信仰，脚下有力量。在这场看不见硝烟的战争中，写满了江大师生的责任与担当。

（荔枝网 2021 年 7 月 29 日）

◇ 点燃希望　放飞梦想：江大"大眼睛"公益支教团

江大"大眼睛"公益支教团队于 2010 年 3 月建立，十多年来，团队坚持前往安徽金寨大别山区开展公益支教，除开展书法绘画、音乐鉴赏、科普实验、自救自护、心灵手语操等特色课程之外，还深入调研当地留守儿童教育现状，争取社会资源协助山区校园建设。不仅提供素质拓展和科技创新课程，还深入调研留守儿童教育现状，开展贫困生库建设，支援当地。截全目前，项目共募集款物 40 余万元，400 余名山区儿童受益，资助学生 21 名，完成调查报告 4 篇，先后入选"江苏省百优志愿服务项目""江苏省优秀青年志愿服务项目"，获省级以上媒体报道 30 余次。"大眼睛"公益支教团队不断改进工作方法，放大亮点特色，加强与爱心企业及其他支教团队的沟通联系，推动志愿服务水平和精神更上一个新台阶。

秉承"扎根一个地方，改变一个地方"的宗旨，"大眼睛"已经成为当地孩子们成长道路上的良师益友，成为当地居民们交流心声的心灵伙伴。

2016 年，"大眼睛"新增苏北连云港市支教点，同时在日常开展"线上支教"活动，惠及更多留守儿童。

　　"这一天／我开始仰望星空／发现星并不远梦并不远／只要你踮起脚尖……"支教过程中，志愿者们用心教学、不断创新，努力活跃课堂气氛，提高孩子们的学习兴趣。更重要的是，他们一遍一遍地在孩子们心中播撒着希望的"种子"。

　　"不要停止追赶某些东西，比如梦想。"在短暂的相处中，大学生志愿者不仅给这些山区的孩子们带去了快乐的时光、丰富的知识，更拓宽了他们的视野，打开了心灵、点燃了梦想、放飞了希望。

　　每个孩子都有权利享受爱，都有权利去拥有梦想。"大眼睛"一直在做并将持续做下去的，就是用心呵护每一双大眼睛，用手托起每一个梦想。

　　远方，有一群孩子与我们有关。

◇ 传递温暖 为爱前行："早安镇江"公益团队

四年多来，有这样一群年轻人，每周四、周六，当许多人还在睡梦中时，他们却已经在食堂帮助师傅们忙活了很久，收碗筷、擦桌子、帮大家打早饭，他们样样都干得有模有样，用自己的劳动换来一份份早餐；他们总是在晨曦微露的时候，带着早餐，踩着脚踏车，从学校出发赶往学校周边孤寡老人和生活艰难者家中，将热腾腾的早餐送到需要的人手里。

他们是江苏大学"早安镇江"这个公益团队的成员，是一群致力于"爱心早餐"行动的普通大学生。十多位老人，3500份早餐，四年来，爱心就这样一直延续，他们用真情传递着人间温暖。

爱心坚守缘于一次偶然

汽车学院2014级毕业生张欢是这项活动的发起人。当记者问及发起活动的缘由时，她讲述了自己亲身经历的一件事。大二时候的某一个清晨，她在学校偶遇一位收废品的老奶奶，从与老奶奶的聊天中她得知老奶奶孤身一人，以收废品为生。由于当时老奶奶没有吃早餐，张欢带着老人去附近的食堂吃了顿简单的早餐。"真没想到，仅仅是两个包子，老奶奶就感动得热泪盈眶。"这情景让张欢深受震撼，萌生了要帮助像老奶奶一样的贫困老人和家庭、给他们长期送早餐的想法。

刚开始，只有张欢一个人去学校周边的社区踩点，为贫困老人们送早餐。后来，她在网络上发帖，寻找愿意和她一起给贫困老人送早餐的伙伴。在张欢发帖后不久，就有两名京江学院及同专业的同学联系到她，表示愿意参加这项公益活动。就这样，几位在读的普通大二学生，没有收入来源、没有人脉，从一开始的志愿者招募、搜集贫困老人信息到拉赞助找经费……他们在周围人的一片质疑声中，开始了漫长的公益之路。

为了寻找合适的帮助对象，团队成员们连续跑了三四趟京口区象山街道办事处询问，并挨个去社区打听是否有贫困老人需要并愿意接受爱心早餐；为了解决经费的问题，张欢带着志愿者和学校食堂商议，达成合作协议，团队成员为食堂服务做义工，每周从食堂免费领取两次早餐送给需要帮助的老人。

"爱心之旅" 风雨无阻

"每逢周四、周六，一到早上 6 点，我便睁开朦胧的双眼，骑上自行车，到食堂做义工，随后拿上热腾腾的包子和鸡蛋。"食品学院 2016 级研究生张熙还清楚地记得当时在团队里做公益的情景。通常不到 7 点，张熙便与其他团队成员集合出发，每个人手里提着一份、两份或三份早餐，开始雷打不动的"爱心之旅"。他们有时冒着大雨，有时顶着寒风，但送到爷爷奶奶手中的早餐，从来都是温热的。

张熙告诉记者，当初他服务的是一位聋哑老人，老人刚开始的态度很冷漠，再加上两人的沟通有一些障碍，老人不愿意接受大家的好意，让他很有挫败感，但他依然每周两次去看望老人，给老人送早餐，有时还会留下来陪老人坐坐。坚持了一年之后，老人终于会在张熙到来之前将门打开，站在家门口迎接他，并手舞足蹈地表达自己的开心。

汽车学院车辆 1101 班学生孙彩珍当时是团队的元老，也是骨干力量。有一次，她领了早餐本来打算直接去车站的，出了食堂突然想起上周服务的老爷爷想吃桃酥、喝牛奶，于是折返到学子超市，自己花钱买了老人想吃的点心，送到老人手上。在老人家中，她看到老人左眼边上多了一个巨大的青紫色的肿包，便和一起去的同学急急地寻来药物，细心地为老人上好药，并反复叮嘱他走路要小心，要是眼睛、额头有任何不适就立刻去医院。"在最灿烂的年华，做力所能及的善事，为你们点赞""赠人玫瑰，手有余香""因为你们，世界少了一点伤感，少了无奈，多了希望，多了满足，多了感恩……"团队的微博留言板上，满满都是这样的赞誉。

"我们付出爱，也收获爱。"团队成员、车辆 1502 班的施源镡同学这样说。她服务的是一位没有子女照顾的孤寡老人杨奶奶。每次她去的时候，杨奶奶总是拉着她聊天，一老一少聊着聊着就忘记了时间。天气冷了，杨奶奶也总是叮嘱她多穿几件衣服。"有一次我穿少了，还有点感冒，奶奶就满脸责怪，在那里唠叨'哎哟，你们小青年，感冒了都不知道。'奶奶一脸的担心，就像自己的亲奶奶一样。"施源镡告诉记者。

坚持是因为他们在等待

贫困老人中有很大一部分是失独老人，他们要么寄宿他人家中，要么在自己家中孤独终老。他们的凄凉处境震撼了志愿者们，也坚定了他们传递爱的决心。作为团队里坚持时间最长的志愿者，张欢对志愿者的经历深有感触，"最早到老人家里去走访，基本上三户才有一户勉强答应接受早餐，爷爷奶奶都觉得免费早餐就像是天上掉馅饼，不可能有这样的好事"。但经过一年半的相处，老人们已经和大学生结下了深厚的情谊，每周四和周六送早餐的时间，不少老人都会主动在门口等着，家里有了水果也舍不得吃，特意留给大学生志愿者。

"我从没在现实中遇见过这么坎坷的人。"现任"早安镇江"团队负责人、运输1502班蒲俊服务的是一位丧偶还遭受家暴的聋哑老人。初次见到那位腿脚不便的聋哑奶奶浑身青紫的疤痕时，蒲俊的眼泪止不住地掉下来。"虽然她不会讲话，但我送完早餐后会坐在奶奶身边静静看着她比画。我想，她需要的不仅仅是早餐，更需要我们的陪伴。"蒲俊说道。"每次我们要走，奶奶总是站在路边，目送我们安全到达马路对面。像一个孩子一样跟同学们挥挥手，嘴里咿咿呀呀的，她大概是在像每一位老人叮嘱自己的孙子一样，叮嘱我们注意安全。"旁边的邻居告诉记者，到送早餐的日子，老人就会早早出来，在门口等着蒲俊他们的到来。老人的等待和依赖让他们一直放不下这份"工作"。

"早安镇江"团队的成员很多，不是每个人都经历了感人肺腑的动情故事，但每个人都怀着一样的心坚守并传递着爱与温暖。汽车学院交通1602班的吴子聪是大一新生，也是这个公益团队的新成员，他说："当初加入这个团队，是因为自己很想去帮助别人，孤苦无依的老人需要我们的陪伴和关心。我能做的，就是多付出一点真心，让老人感受到还有人在关心他们。看到老人们开心的笑脸，我们也觉得很幸福。"

（钰林　武慧文）

◇ 予爱于人 温暖你我：江苏大学予爱协会

江苏大学予爱协会(The To-love Association)成立于2010年9月，是一个青春洋溢的爱心公益协会。协会自创建以来，一直奉行"奉献爱心，体验社会，帮助弱势群体"的宗旨，提倡"爱心无大小"的公益理念，积极参与并组织各类校内外公益活动。协会在传递爱心的同时，致力于为在校大学生提供一个易于参与公益、体验社会的平台。

江苏大学予爱协会始终奉行总会"奉献爱心、体验社会、关注弱势群体"的宗旨，努力将"善行100"打造成为镇江人人可参与的公益平台，鼓励更多个人、企业、机构发挥各自所能，参与到慈善和公益中来。

在会员的努力下，协会和协会团支部获得多项荣誉，包括"全国五四红旗团支部""江苏省五四红旗团支部""李超时特称团支部""江苏大学五四红旗团支部""江苏省百佳社团""江苏大学十佳精品社团""镇江市百优学生社团""镇江市十佳学生社团（提名奖）"等。予爱协会的优秀事迹先后被《扬子晚报》和"今日头条"等国内媒体和网络平台

报道。

"善行100"是由中国扶贫基金会发起，整合社会资源、支持高校公益社团发展、带动大学生参与公益的一项活动。此项活动致力于改善贫困地区农村小学生综合发展条件和生活条件，通过善行汇聚全社会爱的力量关爱贫困地区的孩子，倡导全民公益理念，改变贫困地区教学现状和学习生活条件，给孩子们送去一对一的关爱，圆孩子们的童年梦想。

"城市生存"是江苏大学予爱协会举办的一项非常有趣的素质拓展活动，在规定的时间内让会员在陌生的城市里完成任务并同时解决自己的餐饮和交通费用，以加深会员对自身的认识，帮助他们更深入地了解社会的复杂性，感受生存的艰难，锻炼会员的动手、交际、社会实践能力，培养他们的团队合作精神。活动以健康向上的氛围和充满挑战的旅程为广大会员提供了一个发掘自身生存潜能的平台。

"始于热爱，终于责任。在接下来的每一年里，积极锻炼自己各方面的能力，不辜负自己的坚守和他人的期望，真正做到'不忘初心，尽心尽责'，努力促进予爱的发展，与予爱共同进步！"这是每一位予爱志愿者对未来的展望。

◇ 纵我不往 子宁不嗣音：江大文学院"嗣音"支教团队

江大文学院"嗣音"支教团队积极响应"扶贫先扶智，扶智先通语"的号召，怀着一颗赤忱之心，先后两次来到贵州毕节新河村五里小学推广普通话，力求提高当地青少年的普通话水平，圆满完成教育部和团中央暑期专项实践。团队名"嗣音"出自《诗经·郑风·子衿》"纵我不往，子宁不嗣音"，取留音信的意思。团队的初衷是帮助当地儿童开阔眼界，打开通往大山之外世界的一扇窗口。虽然年轻，但已历经磨炼，接续先声，正在走向新的阶段。

"嗣音"支教团队通过实地调研，发现当地小学生尽管接触过普通话，但受当地方言影响严重。因此团队的普通话教学是从拼音字母开始的，团队成员立足当地语音特点，对当地方言易混淆的鼻音与边音、平

翘舌音与前后鼻韵进行了重点教学与区分；此外还辅以相关的绕口令加深印象，循序渐进，进一步开设阅读与口语交际的课程，深化普通话应用。教室里读书声与鼓掌声此起彼伏，欢声回荡，枯燥的课堂生动了起来。队员们说："通过接触，孩子们更深刻地了解了大山外的世界……将来如何虽未可知，但我们相信，行动起来，就是有意义的。"

在坚持普通话本体教学的同时，团队还设置科技、体育、手工、卫生等课程，与小朋友们深入沟通，贴心照顾和关心他们。当地的村民说："我们的孩子很喜欢你们，很感谢你们愿意来山区陪伴他们。他们说接触到了许多有趣的知识，也很喜欢你们带来的奖品。"上课之余，团队还对当地少数民族普通话使用情况进行了调研。队员们实地走访，耐心细致地和村民沟通交流，分发宣传材料和访谈问卷，村民们积极配合调查，当地村委会也热情接待。

江苏大学"嗣音"支教团队推普脱贫社会实践团要走的路还很长，要做的工作还很多，他们用青春力量为新中国七十周年华诞献礼。

◇ 身在东南　心寄西北：青海支教团

　　"曹老师，我们真的真的很舍不得你！以后来门源了，就联系我们，我们给你当免费导游哦！记得想我们哦！我们也会想你的……"新学期开学，坐在窗明几净的教室里，车辆研 1601 班学生曹冬，手里抚着一张用铅笔写在作业纸上的信，眼里不禁泛起了泪花。过去的一年里，作为江苏大学首届研究生支教团的队长，曹冬和本校的另外两名同学远赴青海门源县，参加了"中国青年志愿者扶贫接力计划研究生支教团"，在支教岗位上兢兢业业，踏实肯干，收获了人生别样的精彩。

　　"面临赴青海支教还是先读研究生的选择时，我也曾犹豫过，去支教会推迟一年入学，而且青海的生活条件会比较艰苦。不选择支教的理由可以有很多，选择支教的理由却只有一个：青春的梦想不应该是自私的。"三位研支团成员之一，来自山东菏泽的艺术学院学生赵园园快人快语。去年 9 月开学后，学美术专业的她被安排在门源县第二寄宿制初中，负责七年级 8 个班的美术教学工作，并担任校团委的干事。

　　"在很多人的印象中，来自江南水乡的女孩子都应该是弱柳扶风的样子。赵园园看上去也很柔弱，但实际上更像是一个'女汉子'。"该校团委负责人杨海荣说，去年 11 月份，县寄宿制小学文化墙的绘画工作没有按计划完成，教育局派赵园园去增援。当时已入冬，室外滴水成冰。赵园园裹着厚厚的棉大衣，头戴毛线帽，还捂着一个大口罩，毫无怨言地认真完成了任务。在门源县实验初中，几名在赵园园绘画时帮忙扶梯子的职工说，这娃儿胆大，3 米高的梯子一点不怵，几十斤重的梯子还抢着扛。如今，赵园园的绘画在门源有了名气，阴田乡大沟脑村、西滩乡老龙湾村等地为创建新农村，纷纷邀请她去进行墙绘。

　　另一名支教女生吴秋桐，外表看上去文文静静，却也是个不可小觑的"多面手"。初到门源，吴秋桐成为门源县第三初中教务处的一名干事。不久，因人手不够，学校又安排吴秋桐同时担任初一年级（11）班和（12）班的英语教师。今年春季开学时，初三一名英语教师休产假，学校决定把吴秋桐调到初三暂时任教两个班的英语课。初三毕业班的教学压力比初一大得多，除了要把新课上完，还要带学生进行初中总复习。她每天挑灯夜战，加班加点。功夫不负有心人，其中一个班英语中考平均分名列全县第一。"秋桐像个'救火队员'，哪里需要就往哪里派。"门源县第三初级中学校长刘国章说。学校语音室安装好已经有两年了，由于没人会用，就那么白白放着。吴秋桐来学校后，领导把语音室交给她负责，让她先熟悉、掌握相关设备的使用方法。在近半个月的时间里，她每天上完课就跑到语音室研究设备操作使用，然后对全校英语教师进行培训。语音室已正式投入使用，受到师生欢迎。

作为支教成员中唯一的男性，高高帅帅的曹冬朴实而又干练，是大家的"主心骨"。同其他两位同学一样，虽然不是师范专业出身，但凭借扎实的基础知识和勤学上进的精神，曹冬很快进入了状态。他在门源县第一寄宿制初级中学，主要承担八年级两个班的物理教学任务。在教学中，他不断摸索改进教学方法，千方百计调动学生的学习兴趣，让枯燥的物理课变得生动有趣，广受学生的欢迎。他所带的两个班级在几次考试中成绩突出，名列年级前茅，他自己也先后获学校教学三等奖和"优秀教师"荣誉称号。

在教学之余，曹冬还带领大家积极投身社会实践，组织开展一系列爱心助学活动。去年11月开展的"冬日暖阳送温暖"活动，发放了一批爱心衣物、爱心床单。此外，研究生支教团联合社会各界人士，在QQ空间、微信朋友圈开展的爱心衣物捐赠活动，引来众多来自北京、上海、江苏等地的爱心网友关注，先后接收募捐新衣服300套、文具60套、图书80本、旧衣物40余批次。2016年5月11日，支教团到达门源县贫困村——香卡村，到贫困家庭慰问捐赠物资。当在家访中看到很多学生因家庭困难没钱购买辅导用书和文具时，曹冬便和大家商量决定从每个月的生活补贴里拿出一部分，成立江苏大学研究生支教团爱心助学基金，购买文具用品和辅导书籍，用于奖励那些家庭困难但学习优秀的学生。

支教团同学在奉献与付出的同时，也在收获着感动和幸福。吴秋桐至今还清晰地记得，去年12月中旬的一天，门源一片白雪皑皑。她生病了，连续三天高烧不退，教务处主任贾才仁吉知道后连忙请假带她去医院挂了三天水，每次一挂就是半天，贾主任耽误的工作都是晚上加班回学校做。每天三顿饭贾主任都在家里做好丰盛的饭菜，用保温桶装好送到她的房间。"但是生病的我并没有什么胃口，贾主任坐在我床边看着我把饭吃完，叮嘱我按时吃药，就像妈妈一样。"曹冬告诉记者，支教临近结束时，为了避免伤感，本打算"不声不响"地离开，没想到有一天自习课被拽到了教室里，"原来孩子们背着我们准备了一个欢送会，表演的节目都是平时背着我排练的"。那天，他和孩子们都哭得不行。

"西部支教的这一年，我在不断地成长，无论谈吐言行，还是思想意识，都发生了很大的变化。"回顾一年的支教经历，吴秋桐感悟颇多，"从原来在很多人面前会怯场，到现在在各种场合都能侃侃而谈；从原来在父母悉心的呵护下衣食无忧，到现在可以独立地照顾自己的生活；从原来在象牙塔里坐在讲台下认真听课，到现在站在讲台上从容教学……我想任何东西都换不了西部支教这一年的难忘经历，它将成为我一生中最宝贵的财富。用一年不长的时间，做一辈子难忘的事情。"

7月中旬，副校长李洪波一行前去看望支教同学，同门源县洽谈校地合作共建工作。所到之处，无论是支教学校的同事、领导，还是门源县教育局、县委县政府的领导，提到研支团的同学，一个个赞不绝口。"这些同学思维活跃，素质优良，踏实肯干，吃苦耐劳，这一年里他们不仅缓解了门源师资紧张的问题，而且给我带来了先进的理念和创新的方法，给我们门源教育吹来了一股清风。"门源县教育局局长王成军说。

（张明平）

第五节
文明互鉴　美人之美

◇　国际智慧　交流互鉴："三国三校"国际学术研讨会

深秋的晨风泛着些许凉意，但丝毫掩盖不了来自中国、日本、泰国、印度尼西亚、英国5个国家13所高校的140余名参加"三国三校"国际学术研讨会的代表们心中的激情。校园主干道上醒目的横幅、桁架，飘在半空中的"青年强 世界强"标语，无不彰显着浓郁的学术氛围；暖心的留学生开场短片，精彩的民乐演奏与武术表演，为"三国三校"国际学术研讨会开幕式增加了不少文化气息。

以文会友 开启学术会议视听盛宴

"我即将在江苏大学学习，镇江是一片未知的土地，但是这里让我感觉很亲切。"10月21日上午9点，开幕式播放短片暖场，大屏幕上不同国家的留学生操着一口流利的中文，诉说着自己的求学经历以及对镇江和中国文化的热爱，他们真挚的情绪也感染了现场观众。第26届"三国三校"国际学术研讨会正式开幕。

1994年由日本三重大学、泰国清迈大学和江苏大学共同组织的"三国三校"国际学术研讨会，现已发展成为一个关涉十多个不同国家大学的学术盛会。它不仅向教师、学者提供学科升级平台，还创建了良好的研究模式。

在开幕式上，悠扬的《紫竹调》把人们的思绪带到了烟雨江南，而明快的《步步高》和中国红的屏幕背景又为开幕式注入了欢乐的节日气息。与会成员徜徉在一场视听盛宴中，整个会场被浓郁的中国文化意蕴深深感染着。

一支长枪出、挑、回、勾，一把长剑在臂间翻舞，行云流水的动作在婉转箫声的映衬下更显英姿。身着太极服的表演者手持红色折扇，随着音乐变换队形，一招一式，尽显锐气。折扇开合间，艳丽的红色与背景缠绵交叠的水墨画交相辉映，形成了强烈的视觉冲击。武术协会的《武·韵》表演引来现场观众的掌声连连，喝彩不断。

校长颜晓红在开幕式上致辞，他指出，会议为代表们提供了进行交流和建立未来合作研究关系的机会，有助于促进各大学、各国和各大洲在广泛领域的相互了解，促进合作与发展。

开幕式后的大会报告会议，主要围绕世界能源、粮食、环境等一系列重点课题。三位分别来自日本、泰国和中国的教授讲述了在各自领域内面对世界性难题的方法和策略。江苏大学孙建中告诉记者："'三国三校'会议新增加了'一带一路'主题，且学术水平、学生能力水平以及本次会议的影响力都明显提高。"

组团合作 思维出彩有高度

"在泰国，空气污染严重。我希望可以分享新的概念和解决方案，以解决或改善空气质量。"在分小组讨论 Workshop 选题时，第八组来自清迈大学的 Narissara 投票给了第二个选题"如何让天空变得更蓝"。21 日下午，会议中心第一报告厅里，各国各校的学生代表分成八组围聚在一起，热烈讨论着 Workshop 的选题。

本届"三国三校"国际学术研讨会中 Workshop 的五个选题围绕"人口、食品、环境、能源、'一带一路'"主题。Workshop 环节中从各小组人员的组成到选题的选定，都在 21 日当天揭晓。24 日上午汇报成果并评分，期间仅有两次每次两小时固定的讨论时间，圆满完成这项任务无疑是艰难的。

除了时间上的紧迫，沟通和交流也是同学们在讨论过程中遇到的巨大障碍。"大家来自各个国家，讨论会涉及很多专业用语，表意清晰就对大家的默契和配合有很高的要求。"学生代表陈栩槿说。小组成员除了团队的 Workshop 任务，都还需要准备个人的分论坛演讲，讨论时间有限，只能利用休息时间准备。直到 Workshop 汇报展示的前一天，小组成员还通宵讨论和修改汇报内容。

激烈的思维火花碰撞产生各具特色的成果。同样选择了"如何解决人口老龄化带来的问题"的第一组和第二组分别从 AI 技术和新型手机的开发两个不同的方面切入论述；第三组以演讲与情景剧结合的形式生动地阐述了"一带一路"情境下如何加强各国人民之间的纽带连接；第六组"自动空气净化装置"和第八组"汽车尾气余热的回收利用"的设想专业性较强。

"尽管学生们演讲内容的学术性、专业性有限，但是起到了相互了解的作用。各国各校的学生们经过全英文演讲、即时讨论等多种形式，英文交流能力得以提升。"江苏大学理学院教师高翠侠在本届"三国三校"

会议中参与并担任了三场分论坛报告的评委，她对学生们的仪态和英语表达能力表示赞赏。

新增墙报元素　满载收获不虚行

走进会议中心，映入眼帘的是一幅幅树立展示的墙报，色彩鲜艳，让人眼前一亮。本届会议较往年的一大不同点便是改变了对学生的评价形式，新增了墙报展示环节，更好地考察了学生在设计与书面表述方面的能力。

这些墙报大致都由"Introduction""Objectives""Methodology""Results"等部分组成，简要概述了学生现场演讲的核心内容，搭配图表或流程图，使墙报看起来生动形象且简洁明了。来自广西大学的罗汇岘说："一个墙报完美呈现，它的每一步都需要精心设计与制作，并且还要深入了解其中的内容。"作为本次活动墙报制作的参与者，同时也是墙报讲解员，她认为参与本次活动，让她在知识、语言等方面的能力都得到了提升。

随着最后一场分论坛交流结束，短暂而紧张的交流会悄然接近尾声。四天里，与会学生共同经历了庄重的会议、严谨的学术交流和欢乐的社会实践，看着记录下来的剪影，代表们都感慨纷纷。

闭幕式除了给"三国三校"会议画一个句号，也是肯定与会学生们成果的一次颁奖礼。三个奖项分别是 Best Poster Award，Best Presentation Award 和 Best Workshop Award，同时还为表现特别优异的个人颁发 Founder Award 和奖金。来自泰国清迈大学的学生 Prim Fongsamootr 获得了 Best Presentation Award 和 Founder Award 两个奖项，她对自己能获两个奖项感到十分惊讶，站在领奖台上更是难掩喜悦之情。

"三国三校"国际学术研讨会的主题是"亚洲在世界上的地位"，尤其在人口、粮食、能源、环境等方面为亚洲乃至世界的年轻学者和大学生提供了加强学术交流与合作，提升科学研究水平的良好平台。

"这么多届活动以来，形式在不断创新，流程也总在改变。不过'三国三校'为学生们搭建面对面交流的平台，这样的初衷是不变的。"三重大学的伊藤信孝教授表示，短短几天时间的接触虽然很难带来学术上纵向的跃升，但交流却可以使来自不同专业、不同文化的思维得以碰撞，横向拓展学生多角度思考的能力。

（冬辰　张文文　俞琛　黄韵怡）

◇ 华夏风采　魅力江大：孔子学院学生汉语桥夏令营

江苏大学—奥地利格拉兹大学孔子学院学生汉语桥夏令营项目中，来自美国、奥地利和泰国等国家的留学生不仅学习了地道实用的日常汉语，学会了许多书面化和口语化的表达方式，大大提高了汉语水平，而且亲身体验了剪纸、太极、国画、京剧、古琴等中国传统文化。入住当地家庭，留学生能够进一步体验中国普通居民的家庭生活，从而更加理解中外文化差异。

剪纸作为中国民间艺术的代表，寄托着人们对于未来的期许。剪纸中使用的谐音取巧及抽象取福的手法中，凝聚着中国人自古以来对于美好生活的无限向往。课程刚开始，留学生对剪纸表现得兴味索然，但是当一张张平凡无奇的红纸上下一剪就变成一幅幅精致的图画时，他们的眼睛顿时亮了。于是，一张又一张的"囍"字，一盏又一盏的灯笼出现在桌前。美好的祝福伴随着剪刀的"嚓嚓"声，传递出留学生们对剪纸的热爱。

太极是中国功夫的代表之一。太极以柔克刚的精神，是以"仁"为核心的华夏精神中非常重要的组成部分。上课前，很多留学生对于太极有所误解，他们认为太极更像是一种舞蹈艺术，而非中华武学。对于这样的误解，太极老师以其中刚柔并济的"大道"精神，配合张弛有度的拳法技巧，向留学生们加以解释说明。为了展示太极拳法与其他拳法之间的不同，四位老师分别教授了太极拳法和八极拳法。至柔与至刚两种拳法的碰撞，计留学生们对于中国传统武术产生了极大的兴趣。

团扇工笔画，留学生们还是第一次听说。中国人竟然能在透明的纱网团扇上画画儿？不简单！留学生一走进唐峰老师的工作室，就被精美的团扇作品深深吸引了。团扇绘画分两步。首先要在团扇上用毛笔描画底稿，描画勾勒底稿要求绘画者在安静放松的状态下进行，绘画者必须保持十足的耐心。其次是着色晕染，这一步对调色要求很高，虚实浓淡，需要绘画者细心感悟。留学生们在老师手把手的指导下耐心勾线，一张一弛、一笔一画足显鲜明灵动。着色晕染则更彰显学生个性，有的学生按照图谱要求染色；有的学生则中外结合，充分发挥自己想象。作品不仅个人风格鲜明，也兼具别样风采。

学习之法，在于融会贯通。留学生们入住镇江本地家庭，亲身体验中国式的家庭生活。他们一起炒菜、包饺子，一起游泳、打篮球，也一同在镇江的山山水水留下了许多欢声笑语。在短暂的相处时间里，留学生们不仅感受到了中国人的友善与热情，更体悟到了中国家庭文化的独特魅力。

为了方便留学生在当地的学习生活，项目负责人特意安排两名中国留学生入住留学生公寓。同吃、同住、同为大学生，学生之间很快便结下了深厚的情谊。一同聊未来期望，一同侃周遭奇遇，一同话中外差异，聊累了便呼朋引伴一同玩一玩卡牌，一道学一学书法，一起唱一唱"巡山"。

孔子云："有朋自远方来，不亦乐乎？"如今的我们，以江大学子的身份欢迎远道而来的朋友，与留学生们文明互鉴，领略中华文明风采。

◇ 文化盛宴　与你共赴：江大国际文化艺术节

江大致力于发展国际文化事业，通过举办国际文化艺术节为中外学生的交流搭建平台，通过艺术品展示、人文风情表演、特色美食品尝等，展示多姿多彩的国际文化风情。

2021 年的国际文化艺术节上，颜晓红校长高兴地说，本届国际文化艺术节开幕式重回线下举行，是我们经历疫情考验，与世界各国人民共克时艰、砥砺前行后的重聚。他鼓励中外师生积极融入国际文化交流，以开放的胸怀拥抱世界、拥抱未来。阳光下，不同国家的旗帜飘扬，不同地域的民俗被搬进校园，手持国际文化艺术节专有"护照"走遍各个展位，红色、绿色、黑色……盖满各国专属印章，再欣赏一段民俗表演，品尝一口特色美食，不出国门，看遍世界。

舞台中央，伴着欢快的节奏和动人的旋律，各个国家的服饰增添了风采，不同的语言架起了友谊之桥，五彩的衣袂随风飘动，动感的舞姿别具风味。

领导嘉宾和中外师生场下互动，这是不同文化之间的友好交流，不同的肤色，同一个世界。镜头记录下一个个美好的瞬间，一张张灿烂的笑脸。

欢快的歌声、特色的舞蹈、多彩的游戏、快乐的笑声……国际文化艺术节给予我们的不仅仅是交流的窗口，更是独一无二的回忆。

江苏大学新媒体中心 供图

◇ 食满江大　心忆故园：江大美食节

每年 11 月，江大师生们都会迎来一年一度的集视觉、听觉、味觉、互动于一体的美食文化盛宴，每一年美食节的文化氛围都十分浓厚。现场不仅有厨艺比拼、品鉴活动，还有精彩的才艺表演和有奖竞答，以及学生厨艺交流等。舌尖上的饕餮盛宴因交流而多彩，饮食文化因互鉴而丰富。

在美食文化品鉴活动中，饮食服务中心向师生积极宣传食品安全与营养健康知识；各食堂集中展示精心制作的点心……学生们也大展身手，制作出各具特色的创意美食，有的包含着浓浓的家乡地域色彩，有的展示出了想象的创新魅力。

美食节闭幕式上，各学院的同学们齐聚一堂，一起制作美食，通过美食交流情感，增进了解，从而更加热爱家乡。美食节以美食为媒，架起文明交流的桥梁，让广大师生感受美食文化深厚的底蕴。

一路走来，江苏大学在教学、科研、学生工作、后勤服务等学校事业发展各条战线上涌现出一代又一代、一批又一批矢志不渝、坚守初心的江大人。有潜心问道的学者，有身正学高的师者，有关爱学生的仁者；有辛苦探索的开创者，有满腔热忱的守护者……他们都彰显了"自强厚德 实干求真"的江大精神。"若要初心不改，多应此意须同"，后学诸君也当更加努力。

第一节
第一届、第二届感动江大人物

〇 陈静：黄色丝带写下小城大爱

被誉为"爱心天使"的陈静，是计算机专业 2003 级学生，她的事迹感动着无数人。2005 年 3 月，陈静的同班同学丁玉兰被确诊为急性粒细胞白血病。得知噩耗的陈静立即联系同学，连续数周为丁玉兰募捐，他们的足迹遍布镇江的大街小巷，感动了无数的市民。一时间，"满城尽飘黄丝带"。2006 年，陈静被确诊为白血病，她将自己的捐款部分转赠其他病友,其感人事迹更进一步引起社会各界广泛关注,中央电视台、《人民日报》《新华日报》、搜狐、新浪等各大媒体纷纷对其展开报道。同年,陈静在病房中加入中国共产党。2008 年 11 月 29 日,陈静静静地离开了这个世界。她的故事被拍成电影《小城大爱》,温暖了一届又一届江大学子,她的事迹也因此成为大爱镇江的新起点。

○ 张世芳:发光发热孕生满世芬芳

张世芳,镇江人。1958 年从华东水利学院(今河海大学)毕业后就去了黑龙江水利厅水利研究所工作,直到 1980 年调回镇江农业机械学院。

回到镇江后,在研究北方爆炸冻土的无硫炸药时张老师被炸出 3 米之外,受伤严重。后来,无硫炸药在黑龙江省得到了推广,但张老师的身上却留下了抹不去的伤痕。

张老师曾因中风住院,但出院后仍坚持来上课。铃声响后,张老师对大家笑着说:"我刚从医院回来不久,如果上课的时候我倒下了,就马上给你们学院黄勇强老师打电话,他会送我去医院,大家不要紧张……"然后他写下自己的住宅电话,说:"这是 24 小时开通的,大家有问题直接拨打,我随时为大家解答。"张老师的课程是选修课,但是他风趣的言谈,结合多年的工程实践经验,让每个听课的学生意犹未尽,一堂课总在不知不觉中结束。

对生活的无限乐观和热情使张老师在谈论这些事情时轻松恬淡,他曾经不止一次说过:"夕阳无限好,显赫照大地;星星有微光,夜行指方向。有一分热,发一分光,不计其他。"张老师的敬业、奉献精神一直感动并激励江大人不断向前。

○ 肖戈:乐观坚强谱写美丽人生

医学院 2005 级 6 班的肖戈就是这样一个人。他经历了骨骼矫正的病痛,却毅然在病床上坚持学习;他饱受疼痛的煎熬,却始终展露着灿烂的笑容,乐观地看待一切。

2006 年 3 月 13 日,一场突如其来的车祸让这个朝气蓬勃的大一新生经受了生与死的考验。"骨盆粉碎性骨折"这个诊断如晴天霹雳打在肖戈的头上。

但是肖戈是一个意志坚强的人。饱受病痛折磨的他，放弃了"休学一年，静养身体"的念头，"休学一年就意味着浪费一年的青春，太可惜了！"肖戈坚定地选择了自学备考，并在病床上总结出了一套备考"心经"——主考科目"人体解剖学"很难记牢，内容需要多看多读；英语要坚持天天看并主攻听力；"有机化学"和VFP掌握之后就不容易忘记，先复习好拿手的化学，再专攻VFP，各个击破。

伤愈后的他终于回到了校园里。这次刻骨铭心的经历使肖戈深刻地体会到，医生对病人来说就是支柱和希望。"发奋图强，成为一名出色医生"的愿望在肖戈的心底悄悄扎下了根。生命的道路有欢乐与幸福，也有坎坷与羁绊，只有选择勇敢面对困难的人，才会拥有灿烂的人生。

○ 赵杰文：倾心科研　乐于奉献

赵杰文教授是我国最早培养的一批博士之一，享受国务院特殊津贴。他长期倾心于食品科学与工程领域的科学研究、应用开发、教书育人和人才培养，在我国食品工程界享有盛名。

赵杰文学术思想活跃，共主持4项国家自然科学基金，1项国家"863"项目，3项博士点基金，5项江苏省自然基金项目（其中2项重点），1项国家支撑计划。获国家科技发明二等奖1项，江苏省科技进步一等奖1项、二等奖2项，中国机械工业科技进步一等奖1项，中国轻工业科技发明一等奖1项。赵杰文能感动江大师生，不仅源于他的累累硕果，更源于他崇高的品德和宽广的胸怀，以及他乐于奉献、提携后辈、甘为人梯、淡泊名利的精神。

他认为衡量自己贡献大小的一个重要指标是培养了多少年轻才俊。每年年末成果报奖及年初项目申报时，很多年轻老师都希望能得到赵杰文的指点。无论是不是本专业、本学科的教师，他都一视同仁，从不推辞，再忙也要抽出时间认真阅读材料，再面对面交流，就框架结构、学术观点、关键技术和创新思想等诚恳地谈出自己的看法。

○ 徐民京：老骥伏枥　退而不休

理学院退休教师徐民京在从教的 50 多年中，勤勤恳恳，潜心教育教学工作，用自己的热心、爱心、决心谱写了一曲曲成功的乐章。50 多年来不分顺境逆境，他总是无私、默默地帮助着那些需要帮助的人，不论是朝夕相处的学生，还是刚踏上讲台的青年教师，只要有需要，他就是那"冬天里的一把火"。

作为一位"双肩挑"干部，徐民京既有很强的教学科研能力，又具有较高的组织领导水平和很强的行政管理能力。对于行政事业的管理，徐民京有着明晰的思路，工作严谨认真，带头真抓实干，极力倡导团结、务实的优良院风。他以身作则、廉洁奉公、办事公正，工作卓有成效，他所在的基础课部所属各教研室的教学质量有了显著提高。

人们常说："教师是太阳底下最光辉的事业。"徐民京以一颗博爱之心关爱着他的学生。他特别喜欢与年轻人在一起，看着年轻人健康快乐地成长，他打心眼里感到高兴。只要用真爱去追求崇高，用真心去服务他人，就能让自己从一个平凡人，成为一个真诚的人、一个高尚的人。

○ 周亚平：妙手医术　医者仁心

周亚平是江苏大学附属医院主任中医师，曾先后获得镇江市劳动模范、江苏大学优秀教育工作者、镇江市卫生系统优秀共产党员、江苏省"百名医德医风标兵"等荣誉称号。

周亚平十分重视中西医结合治疗。她认为免疫系统疾病、肝硬化、肿瘤晚期、慢性病的调理等给中医治疗提供了广阔的舞台。中医治疗成本小、副作用小，而且强调整体治疗，周亚平关于治疗系统性红斑狼疮的研究成果临床推广使用，已使数十名患者的病情得到缓解和好转。

她不但医疗技术过硬，30 多年来更默默无闻地诠释了一名医务工作者的良知和奉献，用实际行动回答了怎样无愧于"共产党员"的光荣称号。她以自己的理想追求、崇高品德和模范行为，充分展示了新时期白衣天使的时代精神和丰富内涵。

○ 农业生物环境工程科研团队：执着梦想 开拓创新

团队带头人为毛罕平教授。该团队拥有国务院农业工程学科评议组成员、江苏省"333 工程"第一层次培养对象、中科院百人计划成员、中国农业工程学会科技发展贡献奖获得者、江苏省"青蓝工程"和"333工程"中青年学术带头人、农业部设施园艺工程专家组组长等专家。

团队共申请国家发明专利 192 件，授权发明专利 68 件，授权实用新型专利 24 件，软件著作权 15 件。发表学术论文 300 多篇，其中 SCI/EI 收录论文 200 多篇。获国家科技进步二等奖 1 项、国家教学成果二等奖 1 项，获省部级科技进步奖 4 项，先后承担和完成国家自然基金重点项目、国家"863 计划"、国家科技支撑计划课题、江苏省科技支撑项目等 20 多项科研项目，有 2 项成果达到国际领先水平、10 项成果达到国际先进水平。

团队在作物营养、生长信息和病虫害快速检测技术及装备等方面取得了突破性进展，建立了基于多种模型信息融合的温室综合环境控制理论和方法，"温室关键装备及有机基质的开发应用"研究成果获国家科技进步二等奖。

○ 周尚飞：百折不挠 创业先锋

周尚飞是江苏大学机械学院 2007 级研究生。2003 年，来自苏北农村普通家庭的周尚飞考入江苏大学。进入大学不久，为了补贴生活，周尚飞在努力学习的同时，推销起学习用品、牛奶、报纸，后来还开办了茶馆，经营快递和电脑维修。为了锻炼自己，他加入校大学生科协，并从干事一直做到了主席。在做学生干部期间，他充分利用学校提供的锻炼平台，组织了数十项大型活动，策划了近百场活动，很多活动在学校及社会上引起了强烈的反响。

在学校、市及镇江新区有关部门的帮助和支持下，2006 年 11 月，周尚飞带领创业团队在镇江新区创业园组建了第一家公司——镇江海特新能源有限责任公司。经过近三年的努力，公司终于获得成功，周尚飞实现了人生的第一个梦想。2009 年，周尚飞团队的第二家公司江苏名通信息科技有限责任公司在京口软件园成立；2010 年，周尚飞成立江苏悦虎信息科技有限公司。回顾自己艰辛而充满挑战的创业历程，周尚飞有自己的感想："没有付出，就没有回报；没有放弃，就没有得到。"

2012 年，周尚飞荣获"全国优秀共青团员"荣誉称号，并受到党和国家领导人的接见。

○ 继续教育学院青年志愿者服务队：播撒青春　阳光正好

2008 年 5 月，继续教育学院与镇江市关爱青少年校外活动实验中心携手共建大学生社会实践基地。随后，学院着手招募、组织了一批社会公益意识强、有奉献精神并具有一定组织能力的大学生志愿者参加爱心助教服务活动，成立了"下午四点钟学校志愿者服务队"。

志愿者对孩子们的辅导真正做到了日日制。每天下午 4 点钟，志愿者准时到达实验中心，为这里的外来务工人员子女义务辅导功课。"大手拉小手"志愿者服务活动使大学生学有用武之地。长期以来，青年志愿者服务队参与实验中心各项校外教育辅导活动数百次，接受教育辅导服务的未成年人达数千人次。志愿者团队的辛勤付出受到了共建单位和社会各界的广泛好评。

所有的收获都有志愿者的一份汗水和功劳！走在校园里，坐在教室中，他们是如此平凡，只有在下午四点钟，才能看见他们最美的笑容和身后的光芒。志愿者们常说："有一种生活，你不曾经历过，就不知道其中的艰辛；有一种艰辛，你不曾体会过，就不知道其中的快乐；有一种快乐，你不曾拥有过，就不知道其中的纯粹。"

○ 宁尚洁：笑对人生，服务社会

宁尚洁是教师教育学院 2007 级研究生，她的成长与同龄人相比有更多的坎坷，但她始终以积极乐观的态度去面对，青春岁月里的艰辛和奋斗都成为她人生最宝贵的财富。2008 年"5·12"汶川地震发生之后，为响应团中央号召，宁尚洁成为江苏大学第一个报名赴四川地震灾区提供志愿服务的大学生志愿者，在四川省绵竹市新市镇进行一年的志愿服务。

生活的艰辛和社会的帮助使宁尚洁更加懂得珍惜生活和体谅他人，做个有用之人报答社会的心情也愈加迫切。到达灾区后，宁尚洁被派往对口援建指挥部办公室。工作中，她巾帼不让须眉，白天下村，晚上搬运救灾物资，一直忙碌到深夜。

在支援灾区的日子里，宁尚洁不忘发挥专业特长，常挤出时间开展与自己专业相关的活动和工作。她利用假期时间，通过相关平台，深入学校教授心理健康教育课程，为师生排解心理压力。在征得当地政府同意后，她还利用自己的专业优势，有计划地走访了地震孤儿、遇难学生家长、地震致残人员，排解他们的负面情绪和压力，引导他们走向新的生活。

第二节
第三届感动江大人物

○ 戴立玲：用执着与爱诠释师者情怀

戴立玲，中共党员，机械工程学院退休教授。从教33年，戴立玲先后承担过"机械原理""机械设计""工程图学"及其系列课程的教学工作，主持新创并建立的"图学基础"课程体系、网络习题集系统等多个教学改革成果屡屡获奖。她在工程图学领域辛勤耕耘33年，为留学生建立了全英语教学的课程体系；在工程图学教育领域展开"大图学"理念，率先研究和创建了面向非工科专业的"图学基础"课程体系。她是学生眼中"最喜爱的老师"，也是江苏大学首届教学名师和首届师德标兵。她竭尽全力关爱培养莘莘学子及青年教师，被《中国教育报》"魅力人物"专题报道，也被镇江民生频道称为"教学艺术家"。戴立玲的课堂，严谨又不失生动，"侧面教学"是她强化课堂效果的一大手段。教学艺术，贯穿了她的教学人生。她独有的人格魅力，在课堂教学的殿堂熠熠闪光，影响了一批又一批青年学子和教师。

○ 孙建中：以"白蚁精神"笃行科研之路

孙建中，中共党员，环境与安全工程学院特聘教授。现为江苏大学生物质能源研究所负责人，专研白蚁。工作数十年间，他将科研融入自己的生活：为了科研，他两度告别妻子和女儿，漂洋过海远赴美国学习深造；为了科研成果能够为国所用，他来到江大，创立了生物质能源研究所，确立了"多元，创新，求是，拼搏"的发展理念。在短短的几年中，他取得了国内外瞩目的科研成果和学术地位，首次成功申请并主持召开了第395次国家香山科学会议，奠定了江苏大学在该领域的领先学术地位。他入选江苏省高校首批"双创人才"、江苏省"创新团队"领军人才，并获国际生物质能源领域创新奖——艾尼奖的提名奖，2015年获评江苏侨界人才"创新创业示范基地"领军人才。他甘为人梯，以负责严谨的态度，带领学生游刃于科学的殿堂；他壮心不已，以锲而不舍的精神，助力培养可持续发展领域的国家栋梁。在他的辅导培育下，一批青年学子也取得了公认的成就。

○ 周德军：醉心魅力课堂的暖男老师

周德军，中共党员，法学院副教授。自2001年7月走上讲台，从助教到讲师，从讲师到副教授，周德军一步一个脚印，一路挥洒汗水。作为江苏大学教学一线的一名普通教师，他把自己对生活、对事业的热爱融入课堂教学中，上课，下课，开学，期末，日复一日、年复一年，周德军用激情书写着奉献教育职业、实现人生价值的平凡故事。他授课极富感染力，深受学生喜爱，是同学们口中亲切的"德哥"，也是同事们眼中的"教学达人"：周德军囊括了江苏大学教学类奖项所有最高级别荣誉，作为"最有范儿"教师典型被"江苏教育发布"微信公众号推送，其事迹被《中国教育报》等多家媒体报道。在前行的道路上，与之相伴的是他对教育事业深沉的爱，对生活炽热的爱；是他对学生无私的爱，对未来积极的爱！他一直坚信，拼搏的人生最美丽！一个不断努力、永恒追求的人，才是对生命最好的诠释！

○ 王丽敏：用关怀为留学生筑起人生金字塔

王丽敏，中共党员，海外教育学院副院长。2002年毕业留校后，王丽敏一直从事辅导员工作。2011年6月，王丽敏调任海外教育学院办公室主任兼学工办主任，也是当时学院冲在第一线的辅导员。自此以后，留学生管理工作占据了她生活的大部分时间。她是同事们眼中的"拼命十三姐"，面对一群不同肤色、不同信仰的来华留学生，她一肩挑起了留学生管理工作的重任，不断开拓创新，成为留学生学生工作的"拓荒者"；她坚持用情走心，被留学生们称作"中国妈妈"，留学生们回国之际最舍不得的中国亲人就是她；她致力融合中外文化，用勤奋与汗水、执着与创新，播撒知华友华爱华的种子，越来越多的留学生将中国当作他们的第二故乡。她用关怀为每一位留学生筑起了人生的金字塔。2016年，王丽敏获评江苏省辅导员年度人物。

○ 杨敏：艺术教育的"痴者"

杨敏，中共党员，江苏大学团委大学生艺术团指导教师。她曾是昆明交响乐团小提琴演奏员，参加国内外演出活动200余场。为了艺术教育事业，纵有万般不舍，她还是毅然放弃了灯光闪耀的专业舞台。从弦乐到管乐，她无一不钻，要求学生做到的，首先自己做到。十多年来，她始终把推动江苏大学公共艺术教育放在首位，带领校大学生艺术团行走在校园文化艺术的殿堂，孜孜以求，无怨无悔。她克服指导老师力量严重不足、没有艺术特长生、训练场地紧缺等困难，带领艺术团全体成员每年排练几十个新节目，积极参加国家、省、市级大学生艺术展演和各项比赛，并在大赛中取得了特等奖、一等奖、二等奖的好成绩。她组织高雅艺术进校园、大学生艺术团汇报演出和各分团专场演出等校内多场演出活动，从一点一滴做起，一步一个脚印，稳扎稳打地做好每一项艺术教育和管理工作，带领校大学生艺术团从"零基础"发展到如今的生机勃勃！

○ 柏素萍：护理的是伤口　温暖的是人心

柏素萍，中共党员，江苏大学附属医院副护士长。自 1988 年进入江苏大学附属医院以来，柏素萍一直在一线护理岗位从事临床护理、护理教学及护理管理工作，致力研究伤口造口护理，成为镇江市开创"伤口造口护理中心"第一人。她仁爱助人，善待身边每一位病患，是同事和患者眼中可敬的护士长；她默默积淀，无私坚守护理岗位，从普通护士成功转型为伤口造口专家，成为高水平专科护理的典范；她敬畏生命、仁心仁术，勇挑特大事故医疗救治护理重担。在她的带领下，医院伤口治疗中心护理团队业务水平一步步攀升。数十年如一日，在护理的长路上，柏素萍始终保持一颗服务病患的心，用亲切甜美的微笑、朴实温暖的语言、扎实娴熟的技术、纯洁善良的心为患者排忧解难，反复做着不很复杂却很重要的护理工作，为患者拂去满身伤痛，带给他们生命的绿色。

○ 沈明：清风淡水中流淌的爱心

沈明，后勤集团员工。他是学校二食堂的一名普通厨师，用善良和奉献书写着校园爱心故事。沈明是"裸捐老人"邵仲义的忘年交，在邵老生前，他是邵老的"家庭医生"，无论刮风下雨，每天中午十二点半下班后他都会去邵老家中，为邵老的糖尿病足上药。每次他都先用酒精为邵老的创口消毒，再用庆大霉素消炎冲洗，将最外面的一层死皮剪掉，还要将腐烂的死肉剪掉，随即用棉球加上碘酒……脚掌上溃烂的小洞差不多可以塞下一个棉球……上药时间不长，仅仅 10 分钟，但难的是坚持，而沈明默默坚持了整整 12 年，从未对外人道。邵老遗愿将自己家中的东西都留给沈明，沈明一样也没有要。在他的生活中，帮人助人是举手之劳。有师傅因切菜手受伤了，他默默地顶上去；同事家里有事他也会主动替班；每次下班时他都会检查不属于自己分内事的水电气是否关好。厨师工作忙忙碌碌、平平淡淡，但沈明在平凡的岗位上彰显了爱心，为大家带来了温暖和力量！

○ 唐心怡:"方糖"女孩不失志 拼搏进取胜常人

唐心怡,中共党员,艺术学院公共环境艺术设计及理论专业研究生。从小被诊断为先天性神经性耳聋(双耳听力损失均达 100 分贝以上、一级残疾)的她,志存高远、乐观恬静,自强进取、乐于助人,在学习上付出了常人难以想象的努力,取得了令人钦佩的成绩。大学里,她上课靠看口形,不把缺陷当成借口,从同专业的 67 名学生中脱颖而出,获得唯一的保研资格,成功跻身"学霸"行列。生活中、学习上,周围同学的大事、小事只要用得着她的,她都会去关心一下。"心系志愿服务、关爱残障人士"是她感恩社会、回报社会的具体体现,她被《中国科学报》《江苏教育报》等媒体誉为"励志女神"。"坚强、独立、自信",这是唐心怡对自己的要求! 她始终坚信只要有一颗坚强的心,一切难题都将迎刃而解。她用自身的实际行动为"拼搏进取、自强不息"的时代精神和"助人为乐、尊师孝亲"的传统美德注入了新的诠释。

○ "给我一个家"工作团队:为孤儿大学生撑起一片爱的蓝天

这是一群可敬可爱的老人,他们平均年龄已近 70 岁,组成了"给我一个家"工作团队,他们每人都有"特殊的子女",定向帮扶孤儿大学生。他们用温情和关爱,用大爱情怀,为孤儿大学生撑起了一片爱的蓝天。"给我一个家"工作团队于 2005 年成立,成员均为江苏大学离退休老教师,在他们的努力下,孤儿大学生们不仅能够收到学校每个月提供的 300 元生活费,还能受到老教师们从心理、学业等各方面的全方位帮扶;在他们的关怀下,孤儿大学生们在学校有了新的温暖的"家"。这些孤儿大学生顺利毕业、找到工作,不少孤儿大学生考上北京大学、南京大学、江苏大学等校研究生。团队里 1 位"家长"获 2013 年度全国道德模范提名奖; 1 位"家长"荣获"全国离退休干部先进个人";"给我一个家"活动也获得全省及全国高校校园文化建设优秀成果二等奖。《人民日报》《光明日报》、中央电视台等主流媒体将"给我一个家"团队事迹给予报道,清华大学、北京大学、东南大学等院校来校交流学习这一做法。

○ 早安镇江："爱心早餐"传递人间温暖

他们是这样一群年轻人，每周四、周六一大早，当许多人还在睡梦中时，他们就已经在食堂帮助师傅们忙活开了，收碗筷、擦桌子、帮大家打早饭……干得有模有样，用自己的劳动换来一份份早餐。他们总是在晨曦微露的时候，带着早餐，踩着脚踏车，从学校出发赶往周边孤寡老人和生活艰难的居民家里，将热腾腾的早餐送到需要的人手中。他们是江苏大学"早安镇江"公益团队的成员，是一群致力于"爱心早餐"行动的普通大学生。团队成立于2012年8月。2013年团队被评为江苏省社会实践重点团队，2015年入选江苏大学团委品格修养类十佳项目。十多位老人，数千份早餐，数年来，爱心就这样一直延续。爱心坚守虽然缘于一次偶然，但他们的"爱心之旅"一直风雨无阻，为了老人的等待，为了社会多一点温暖，少一点伤感和无奈！他们用真情传递着人间温暖。

第三节
第四届感动江大人物

○ 徐立章：奔波在田间地头的科研人

徐立章，中共党员，江苏大学农业装备工程学院博士生导师。自1996年就读于江苏理工大学后，他一路稳扎稳打，攻读学位：从学士到硕士，从硕士到博士，担任助教与助理研究员，兼职无数。他来自苏北一个朴素的农村家庭，父母对他寄予跃出"农门"的厚望，但他却痴情田野，与农结缘。为了考察农业机械，他行南走北；为了做好科研工作，他经常在田间地头忙活上一整天，蛇鼠虫蚊也无法使他分心。在不懈努力下，他获得授权美国专利2件、中国发明专利28件，申请PCT专利4件、中国发明专利25件。其中，核心专利获中国专利金奖1项、中国专利优秀奖2项、江苏省专利金奖1项。他痴迷科研，主持众多国家科学基金项目，在水稻谷粒脱粒损伤机理的研究、切纵流智能控制稻麦收获技术与装备研究上处于国际领先水平。第十六届中国青年科技奖，便是对他最好的回馈。

○ 邓志丹：把教育事业当作生命线

邓志丹，中共党员，江苏大学理学院退休讲师。2013年，一场突如其来的车祸导致他脊椎受伤，按照医嘱，他不能下床。但出院后还不到三天，他便毅然站上讲台，这一站便是6年。为方便上课，邓志丹的上课地点已被安排在离家最近的地方，普通人步行只需7分钟。而这短短几百米，对他来说却是一个小时的"长征"：身体被病痛缠绕着，他只能借助步器缓慢前行；在三江楼的风口，他甚至要借助树木来维持平衡。面对困难，他也曾犹豫、彷徨，但上课的获得感与满足感打消了这些顾虑。为了完善课堂，他动身去南京遴选教材；为了教学反思，他忍着疼痛坚持批改作业。在学生眼中，邓老师不仅仅是那个教学认真的好老师，更是他们人生路上的导师。"2018最美高校教师提名奖"，他当之无愧。

○ 郭龙建：只为匠人之心

郭龙建，中共党员，江苏大学管理学院副教授。自1986年走上讲台，他不仅从事过教学工作，还担任过班主任、学业导师、系主任。他是学生课堂上的可爱网红，也是创新创业大赛的"总教头"。贯穿从教生涯的师者之心，从郭龙建第一次执教创新创业大赛时便已显露：临危受命，经验全无，他没有敷衍塞责，而是带领学生一起研讨，最后获鼓励奖；次年，团队意外冲进决赛，他与队员们在网吧守着电脑反复复盘，最终斩获铜奖。此后，执教此类比赛仿佛已是他分内之事，无数创业人才从他手下成长。多年来，郭龙建一直以强烈的责任心和教师的荣誉感坚持教书育人，把三尺讲台作为自己毕生奉献的舞台。授课时，他特别注重学生能力培养，从单纯的知识传授延伸出亲验式教学；他注重对学生进行多方面的素质培养，帮助他们在流程操作、计划制订、资料搜集、预算编制、文本制作、演讲表达、活动组织、人际协调等方面得到全面的锻炼与提升。他的课参与度高，深受学生欢迎，在历年的学生评教中，学生给他的评分全部是"优秀"。"实践→案例→实践→课堂→实践"，已成为郭龙建的教学特色。江苏大学首届青年教师讲课竞赛二等奖、江苏大学首届优秀教学质量奖二等奖等奖项，均彰显着这位名师的教学水准。

○ 魏志祥：做一个走进学生内心的人

魏志祥，中共党员，马克思主义学院兼职辅导员。自 2011 年起，他在承担思修课教学的同时担任起学院兼职辅导员，用真情和温暖在学生中默默播撒人文关怀。他只是兼职辅导员，可学生们有了困难第一时间想到的总是他。一届又一届的学子离开学校走向社会，念念不忘的始终是魏志祥——这个走入他们内心的人！在学生心中，他不仅是一位为学生传道授业解惑的老师，更是一位愿意随时与学生分享喜怒哀乐的家长。"有问题，找老魏"，这是在马克思主义学院学生中流传的一句话。他是最严的"师"，却也给了学生最深的爱，是学生们的"魏爸爸"。他所带班级的学生英语四级通过率 100%，英语六级通过率 80% 以上，最高达到 92.6%，毕业生就业率 100%。他所带的思政（师）1201 班 27人中，参加考研（含保研、报考农村硕士）的人数占比 77.78%，上线率 59.26%，考取率 51.86%。在兼职辅导员的岗位上，他始终用真诚的爱温暖着自己的学生，影响着周围的人。

○ 皮庆元：用音符谱写人生

皮庆元，中共党员，江苏大学附属学校直属党支部书记、音乐教师。音乐是生活中的一股清泉，是陶冶性情的熔炉，是人情感和道德的体现，是孩子们一生中不可或缺的精神陪伴。作为音乐教师，皮庆元勇于打破传统中小学音乐教材条条框框的束缚，大胆引进"奥尔夫"音乐教学法，"从头到脚玩音乐"，真正让孩子爱上音乐。除了在教法上有所突破外，皮庆元本着"生本"原则，积极关爱学生。"高效作业"，是她一直以来倡导的原则。不放弃每一位后进生，她牺牲自己的休息时间，陪伴孩子们在教室完成家庭作业。特质生的培养，亦是她的工作重点；每一位同学的优缺点，她都记在心中。她曾指引过有生物天赋的孩子通过高校自主招生考试，也曾帮助内向的孩子打开心结，拥抱生活。她是一名普通的教育工作者，却引导无数学生找到人生道路的方向；她是一名普通的老师，却成为众多家长口中"金不换"的班主任。

○ 陆菁：愿做一盏明灯

陆菁，中共党员，江苏大学心理中心副主任、国家注册心理师。自2001年江苏大学心理健康教育中心组建以来，无论是白天还是晚上，在心理访谈室里最常看到的就是陆菁的身影。学生心里有了解不开的结、绕不开的弯，都喜欢找这个笑容温暖、眉眼弯弯的老师来聊一聊。24小时待命，她为无数学生的心理健康安全保驾护航：她开导过有轻生倾向的绝望女孩，也曾治愈过有过心病的实习生。深夜里，某位学生突然精神失常，是她第一时间赶赴现场，将其引导至精神病院，避免了不必要的损伤。作为一名专职心理工作者，陆菁不断提升自己的专业素养与工作能力，从课堂到活动、从线上到线下、从入学到毕业，360度全方位倾情为学生助力，一步步走进了学生心里。课堂上，她对学生们说得最多的话是"我特别欣赏你的勇敢""我特别感谢你的分享"。老师的自信与勇敢，深深感染着每一位同学。她见证着学生的成长、追求着自己的价值；她深深地爱着和被爱着，来自她钟爱的心理咨询事业，来自所有被她鼓励、关爱过的学生们。

○ 京江新校区后勤服务保障团队：不畏开荒苦，甘做铺路人

满地沙土、杂草丛生、没水没电的施工现场，有一群人，在艰苦环境中，克服困难担使命。他们特别能吃苦、特别能战斗、特别能奉献；他们"一起扛过枪，一起开过荒"。他们是江大最可爱的后勤人，他们就是京江学院新校区服务保障团队。2018年京江学院新校区搬迁以来，面对极端恶劣的施工环境，他们任劳任怨，以工地为家，与时间赛跑：暴雨突袭，他们连夜疏通积水、抢救物资；楼道缺水，他们人工抬水，无怨无悔。员工汤祯的父亲重病，她也只去上海陪伴一天，便赶赴新校区进行作业；员工张媛媛的孩子刚一周岁多，她也无暇照料，总是聚少离多。"舍小家，

为大家"，早已是后勤服务保障团队每个员工的信条。正是因为有这么一群可爱的人，校区搬迁工作才得以平稳运行。不畏开荒苦，甘做铺路人，在平凡的岗位做着不平凡的工作，尽管不惊天动地，但却始终在背后默默奉献。京江学院新校区服务保障团队心系大局，用责任担当诠释了后勤人应有的精神品质，散发出属于后勤人的光和热。

○ **绿色化学与化工技术创新团队：愿做春泥护花红，甘为人梯助腾飞**

1个团队、20个人，3名国家"优青"、1名青年长江学者、2名教育部新世纪人才……他们既是在科研道路上开拓创新的科研工作者，更是在课堂内外严谨求实、春风化雨的良师；他们坚守立德树人本分，数十年如一日，矢志不渝；他们除了"导科研"，还"导思想""导人生""导生活"；他们的团队，独创"望闻问切"的方式把学生思想脉、望学生之言行举止、闻学生之谈吐心声、问学生之关注所在、切学生之成长困难。

这个团队就是江苏大学绿色化学与化工技术创新团队。自2004年成立至今，团队不仅仅在科研上成绩喜人，先后获批国家优秀青年基金项目3项、霍英东教育基金会高等学校青年教师基础性课题1项、中德科学中心中德合作项目1项、国家自然科学基金项目46项、江苏省杰出青年基金及其他省部级科研项目23项、省部级科技奖励23项，在育人方面，更是成效卓著、成绩斐然，在团队负责人闫永胜教授的带领下，一批批创新人才不断涌现。团队现有正高职称10人、副高职称5人、中级职称5人，其中博士生导师10人、硕士生导师18人；培养省"优博"2人、省"优硕"8人、校"优博"17人、校"优硕"28人，研究生获"挑战杯"国赛金奖1项、省级特等奖1项等。团队培养的10余名硕士研究生先后赴美国普渡大学、南京大学、上海交通大学、华中科技大学等国内外著名高校继续深造，50余名毕业生进入国内外知名高等院校、科研院所和企事业单位从事科研工作，并成为单位的青年骨干。这一群为师者，在引领年轻后辈走上科研的道路时，折叠了光阴，模糊了年轮。他们唤好风，助学子直登青云；他们御兰棹，送学子上白玉京。在这里，他们怀着对事业的无限热爱和对学生的无私奉献，在育人的道路上化作春泥、甘为人梯，见证着一个又一个成果、一个又一个奇迹。

○ 校关工委"四点钟学校"团队：莫道桑榆晚 为霞尚满天

这是一群特殊的志愿者，他们个个年逾古稀，曾经在三尺讲台辛勤耕耘，播下知识的种子，退休后的他们依然在方寸之间，继续坚守着心中的教育圣地；这是一群可敬的老人，他们数年如一日，在一间小小的教室里倾心守护着"别人的孩子"。这支成员平均年龄70岁的特殊团队，组建于2012年。为了解决困扰江苏大学众多青年教职工的"孩子放学没有去处"这一痛点问题，校关工委与附属学校联合成立了"四点钟学校"。老教师们每两周值一次班，每次一个半小时。尽管都年逾古稀，有的甚至已至耄耋之年，有些老师身体还有诸多不适，但只要轮到值班，无论刮风下雨，他们往往都是提前十几分钟到岗，做好准备工作，直到最后一个学生离开学校，他们才满是欣慰地锁门回家。

多年来，"四点钟学校"的老教师们一直践行这样一种温暖的理念："为了孩子们的健康成长，我们责无旁贷。"弹指一挥间，风风雨雨近十载，附校的学生换了一拨又一拨，而这群退休老教师们始终坚守在这里，他们的退休生活中也多了一份责任与牵挂。他们用年迈的双脚丈量着从家到学校的距离，他们用真诚的话语在孩子们心中留下了美丽的印记。

○ 杨文明：九旬善翁的感恩初心

杨文明，中共党员，镇江市一名普通退休老人。2015年下半年，杨文明主动联系江苏大学，捐出20万元设立"文清奖助学金"，资助10名2015级本科学生。这20万元，是杨文明和老伴曹清秀种田务农、开家庭旅馆省吃俭用存下的，原本是为没有工作的老伴曹清秀准备的养老金。然而老伴因病逝世，老人便想要将这笔钱捐出，资助贫困学生。爱在传递，杨老一生中受到过许多人的帮助，有教他学文化的老师，有他的入党介绍人，还有一位有知遇之恩，恩人已故，杨老便想将这份感恩之心回报给社会，他希望更多的学生能够受到社会的关爱，同时也能将这份感恩之心传递下去。

几年来，杨老每个学期都会来学校，和 10 名学生座谈、聊天，关心他们的学习和生活情况——老人和学生们组成了幸福的"文清家庭"。2019 年 6 月，受助的 9 名学生顺利毕业（1 名是医学生），他们邀请杨爷爷一起参加毕业典礼，用自己的成长成才回报爷爷的爱心。点滴积蓄汇成大爱的河流，灌溉贫困学子；全心付出树立奉献的榜样，感动江苏大学校园。相信杨文明的善举一定会激励更多人，将爱的力量一直传承！

因为有你
——为第三届"感动江大"人物颁奖典礼而作

江大的校园，为什么如此温暖，
时时触动着我内心最柔软的地方？
江大的校园，为什么这般美丽，
美丽得让我惊艳那朴实的模样？
我问五棵松，
五棵松枝条轻摇，笑而不答。
我问玉带河，
玉带河微波荡漾，盈盈不语。
我穿过校园的四季，
叩问晨曦、暮霭和午夜的灯光。
我遍寻校园的每一个角落，
谛听琅琅的书声和匆匆的足音。
我忽然明白了
江大温暖而美丽的奥秘——
因为有你！

在人生的十字路口，

你选择了一方黑板、三尺讲台，
安放你的青春梦想。
在浮华的喧嚣声中，
你选择了清风两袖、桃李满天，
作为人生的价值取向。
初为人师，你也曾有过胆怯和慌张；
初出茅庐，你也曾有过困惑和迷惘。
传道授业解惑，你初心不改，
坚守是你对讲台最长情的告白。
博学求是明德，你痴心不改，
执着是你对使命最朴素的理解。

如果说，青春是一条长长的河，
是你为懵懂轻狂摆渡。
如果说，青春是一段未知的旅程，
是你春风化雨心香一路。
如果说，青春是一首澎湃的歌，
是你谱写了歌中最激越的音符！

你灿烂的笑容
犹如冬日的暖阳。
你关切的眼神，
温暖了课堂把心灯点亮。
你手中的那支神奇的魔棒，
就那么轻轻一点，
年轻的梦想如花悄然绽放。

有人说，世上本没有路。
你却寂寞前行逐梦远方。

有人说，科学没有国界，
你却把全部才情
书写在脚下的土地上。
有人说，行百里者半九十，
你身如满弓激情飞扬。

实验室里的灯光
不忍再读到你眼中的血丝。
就是这双眼睛
在冰冷的仪器和数据中，
爬罗剔抉寻找诗意。
不畏浮云遮望眼，
创新无止境，
壮心终不已！

寒来暑往，冬去春来，
绿树成林，青春常在。
什么是师恩如海？
即使年轻的面庞已走出你的视线，
你依然牵挂他飞翔的姿态。
什么是家国情怀？
不管多少沧桑付流水，
始终头顶有担当心中有大爱。
什么是韶华异彩？
就算梦想照不进现实，
也要让只有一次的生命，
无愧于这个伟大的时代！

你们是教书育人的践行者，

你们是爱敬诚善的代言人。

你们铺陈校园四季最温暖的底色，

你们注入江大精神最高贵的品格。

你们，一次次让江大的名字

出现在令人艳美的显赫位置，

你们，一次次让世界

听到江大自信而豪迈的声音。

你们的名字

也将镌刻进江大人的记忆中，

你们的故事

也必将流淌在江大的历史里。

五棵松不会忘记，

玉带河也不会忘记，

我

我

我

我们——更不会忘记！

因为有你，

江大才如此温暖而美丽！

因为有你，

江大才如此温暖而美丽！

因为有你，

江大才如此温暖而美丽！

（曲云进）

后记

王
彦

今天，历时七个月的《诗画镇江　遇见江大》初成，欣闻本书将作为颜晓红校长给 2021 级新生的"校长赠书"，倍感荣幸之余又诚惶诚恐。回想编著此书的艰辛历程，跟大家分享我和同学们编撰此书的初衷、历程和感悟。

依稀记得 2001 年 8 月 26 日，初遇镇江、跨进江苏大学那个初秋的夜晚，从此镇江这座历史文化名城成了我的"第二故乡"，我也成了江苏大学万千师生中的一员。

二十年来镇江山水的哺育和熏染，我早已把自己许给了她，也许给了江苏大学。2020 年 7 月，我到文学院和近千名文学青年相遇，他们的书生意气和文化墨香逐渐把我尘封了 26 年的梦想点燃；2020 年 12 月 15 日晚"诗韵镇江　四海名扬"颁奖晚会让我对"一院一品"的思政育人工作有了新的思路和构想：

一、始终坚持以习近平新时代中国特色社会主义思想为指导，将"文化育人"融入"三全育人"全过程，卓有成效地推进和完善思政育人体系，为江苏大学一流学科建设和高质量发展贡献出文院师生的智慧和力量。

二、通过"课程思政"与"思政课程"协同育人的工作方法，不断增强新时代大学生家国情怀的涵养；充分提升大学生"热爱母校和热爱专业"的主人翁意识，激发同学们的创新思维和热情，使他们以昂扬之青春精神与勇气积极投身到中华民族伟大复兴的洪流之中。

2021年，文学院以汉语言文学（师范）1801班团支部创建并获批"全国活力团支部"为契机，以激活大学生思政第二课堂为主线，集体编撰《诗画镇江　遇见江大》一书，献礼中国共产党百年华诞和江苏大学组建20周年暨办学119周年庆典。

"创意虽美好，成书亦为艰。"短时间内，我要带同学们用自己的视角来诠释千年历史文化名城——镇江的"人、情、味"，以及百年学府——江苏大学的艰难创业史和辉煌发展史，这无疑是向我和同学们发出的严峻挑战。

"开弓没有回头箭。"专家引领、师生勠力共同书写彼此心中的"诗画镇江"和"百年江大"。同学们更是"在编中学、在编中悟"。七个月的编书历程，师生们在牺牲假期、付出辛苦的同时也收获了成长、共荣与感动。蓦然回首，这段历程早已化成了美好的期许与永恒的记忆！

"文以载道，以文化人。"本书带你了解江河交汇、文化交融的山水胜地、你的第二故乡——镇江；认识底蕴深厚、奋勇争先、生机勃勃的江苏大学；融入"能干、肯干、实干"的江大群体；成为"博学、求是、明德"的江大人；让你逐渐爱上这所精神家园；助你在百年学府伟大精神的感召下，汲取知识和智慧，凝聚传承和力量，奋力谱写青春之江大的精彩华章。

感谢袁寿其书记、颜晓红校长、李洪波副书记的一路关心和鼓励；感谢江苏大学出版社领导力促成书的工作热忱和责任担当，以及编辑严谨精到的编校；感谢校团委、学工处、校友会、宣传部、教务处的支持和帮助；感谢各位热心的摄影家提供高清美图，使文章增色不少；感谢文学院全体师生、退休教师及校友一家亲的鼎力相助。正是因为有你们，才有《诗画镇江　遇见江大》今天的面世。

本书受时间、阅历及水平所限，内容未免挂一漏万，不尽之处，还望读者批评指正！

2021年8月8日